Monika Bröder

Gesprächsführung in Kita und Kindergarten

Monika Bröder

Gesprächs-führung in Kita und Kindergarten

partnerschaftlich – empathisch – professionell

HERDER

FREIBURG · BASEL · WIEN

Mehr Informationen zur Autorin und ihrem Fortbildungsangebot finden Sie unter: www.monika-broeder.de

MIX
Paper from responsible sources
FSC® C010798

www.herder.de

Umschlagkonzeption und -gestaltung:
SchwarzwaldMädel, Simonswald

Umschlagfoto und alle Abbildungen im Innenteil:
Harald Neumann, Freiburg

Gestaltung: post scriptum,
Emmendingen / Hinterzarten

Satz: Susanne Lomer, Freiburg

Lektorat: Ines Zissel, Rösrath

Herstellung: Graspo CZ, Zlín
Printed in the Czech Republic

ISBN 978-3-451-32688-2

Inhalt

6 Auf Nachrichten reagieren – Anderen Menschen Feedback geben

7 Sich mit anderen auseinandersetzen – Mit Konflikten professionell umgehen

8 Das Gespräch mit Eltern suchen – Einen Gesprächstermin wahrnehmen

9 Einfühlsam reagieren – Mit den Jüngsten und deren Eltern in der Kita kommunizieren

Vorwort

Erzieherinnen und Erzieher stehen täglich im Kontakt und im Gespräch mit Kindern, Eltern, Kolleginnen und Kollegen. Tür- und Angelgespräche mit Erziehungsberechtigten, Entwicklungs-, Beratungs- und Konfliktgespräche, die Gestaltung von Elternabenden gehören ebenso dazu wie eine alters- und entwicklungsentsprechende Kommunikation mit den Kindern im täglichen Miteinander.

Kindertagesstätten und Kindergärten haben in den letzten Jahren eine immer größere Bedeutung bekommen, weil sich viele Kinder täglich länger als früher in den Einrichtungen aufhalten, zugleich werden immer jüngere Kinder in den Kitas und Krippen aufgenommen. Vor diesem Hintergrund gewinnt eine professionelle Kommunikation, die die Bedürfnisse von Kindern, Eltern und Team berücksichtigt sowie gleichzeitig die Möglichkeiten und Grenzen der Erzieherinnen und Erzieher zum Ausdruck bringt, eine immer größere Bedeutung.

Neue Themen

Die überarbeitete Auflage dieses Buches versucht, den veränderten Bedingungen und Anforderungen Rechnung zu tragen. Es will das notwendige Handwerkszeug vermitteln, um hilfreiche und weiterführende Gespräche zu führen sowie Konflikte konstruktiv zu bewältigen. Die einzelnen Kapitel sind durch Gesprächsbeispiele im Kontakt mit Kindern erweitert und ein Kapitel zur Kommunikation mit den Jüngsten ist neu hinzugefügt worden. Ihre Bedürfnisse verlangen sehr viel innere Ruhe, Sensibilität und Achtsamkeit vonseiten des Teams, die sich besonders auch in der Sprache ohne Worte ausdrücken.

Das Thema Erziehungs- und Bildungspartnerschaft bildet einen weiteren neuen Schwerpunkt. Es wird gezeigt, wie professionelles Kommunikationsverhalten dazu beitragen kann, dass das Kita-Team und Eltern zum Wohl der Kinder konstruktiv auf Augenhöhe zusammenwirken können. Dabei geht es aber nicht nur um ein Anwenden verschiedener Gesprächstechniken, sondern es soll auch eine grundlegend wertschätzende Haltung gegenüber Kindern, Eltern, Kollegen und Kolleginnen zum Ausdruck kommen. Gleichzeitig gehört dazu die Fähigkeit, sich selbst zu reflektieren, sich zu hinterfragen, sich abzugrenzen und sich in der Interaktion mit anderen weiterzuentwickeln.

Inhaltliche Schwerpunkte

Hilfreiche und konstruktive Gespräche mit Kindern, Eltern, Kolleginnen und Kollegen führen zu können, sind keine Selbstverständlichkeit, sondern setzen Fähigkeiten voraus, deren Vermittlung in den Ausbildungsstätten auch heute noch sehr oft zu kurz kommt. Schwerpunktmäßig wird dabei folgenden Fragen nachgegangen:

- Wie kann ich einfühlsam und wertschätzend auf Kinder eingehen? Was ist besonders in der Kommunikation mit den Jüngsten wichtig?
- Wie kann ich ein hilfreiches Gespräch mit Eltern führen, wenn diese mit mir über ihr Kind reden wollen? Wie kann ich ein Gespräch mit den Eltern führen, wenn das Kind auffällig im Kindergarten wird und Unterstützung braucht? Wie kann ich Elternabende durch mein eigenes Kommunikationsverhalten konstruktiv gestalten?

- Wie kann ich durch mein eigenes Kommunikationsverhalten dazu beitragen, das Bildungs- und Erziehungspartnerschaft in Kita und Kindergarten gelingt?
- Welche Möglichkeiten gibt es, Konfliktgespräche konstruktiv zu führen? Wie kann ich Eltern, Kolleginnen und Kollegen Rückmeldung geben, wenn mich etwas stört oder ich unzufrieden bin, ohne sie zu kränken und zu verletzen?
- Wo liegen die Grenzen der Gesprächsführung im Kindergarten?

Die theoretischen Grundlagen für das vorliegende Buch bestehen in einer Verknüpfung des Werkes »Miteinander reden« von Friedemann Schulz von Thun, Band 1, und den Werken »Familienkonferenz« und »Familienkonferenz in der Praxis« von Thomas Gordon. Die Form der Gesprächsführung, die Gordon in seinen Werken beschreibt, wird hier auf die Gesprächsführung im Kindergarten übertragen und anhand vieler Übungen und Gesprächsbeispiele erklärt und ausgeführt.

Praxissituationen bilden die Grundlage

Die dargestellten Beispiele und Gesprächssituationen entstammen der Praxis und sind im Laufe der Jahre immer wieder ergänzt und erweitert worden. Es wird intensiv auf die Erfahrungen der Erzieherinnen und Erzieher eingegangen, die mit großer Wahrscheinlichkeit mit den Fragen der Leserschaft übereinstimmen. So soll versucht werden, soweit wie möglich in einen lebendigen Dialog einzutreten.

Die dargestellten Gespräche sind Beispiele, die so in den Seminaren geübt wurden. Die Teilnehmenden haben konkrete Situationen aus der eigenen Praxis besprochen und im Rollenspiel versucht, neue Formen der Gesprächsführung zu erproben und einzuüben. Die Erfahrungen aus den Rollenspielen sind auf die konkrete Arbeit im Kindergarten übertragbar. Die Leserschaft dieses Buches hat die Möglichkeit, sich selbst aktiv mit dem Thema auseinanderzusetzen, indem sie die vorgegebenen Übungen und Gespräche allein oder zusammen mit anderen bearbeitet. Die Lösungen zu den Übungen und Gespräche finden sich im Auswertungsteil am Ende.

Alle Kapitel bauen aufeinander auf und stellen einen Gesamtzusammenhang her. Die einzelnen Übungen können später nochmals durchgearbeitet und damit vertieft werden.

In diesem Buch wird der Einfachheit halber immer von Erzieherinnen gesprochen, weil der Beruf hauptsächlich von Frauen ausgeübt wird. Entsprechend wird auch für die Leseransprache die weibliche Form gewählt, selbstverständlich sind damit auch die männlichen Erzieher gemeint.

Allen Erzieherinnen und Eltern möchte ich danken, die an der Überarbeitung dieses Buches mitgearbeitet haben. Die Beiträge der Erzieherinnen und die Mitwirkung von Eltern, deren Kinder die Kita besuchen, waren eine große Bereicherung. Nicht zuletzt danke ich meinem Mann für seine Hilfe bei der Textverarbeitung.

Das überarbeitete Buch widme ich Annemarie Hauch, deren Gedanken und Vorstellungen auch nach ihrem Tod meine Fortbildungsarbeit maßgeblich beeinflussen.

Monika Bröder

1.

Auch der Körper spricht – Nichtsprachliche Möglichkeiten der Verständigung

In diesem Kapitel erfahren Sie

- **wie sehr der tägliche Umgang miteinander von nichtsprachlichen Äußerungen geprägt ist**
- **welchen Einfluss nichtsprachliche Kommunikation auf Kolleginnen, Eltern und Kinder hat**
- **wie Missverständnisse aus nichtsprachlicher Kommunikation entstehen können**

1.1 Bedeutsamkeit nichtsprachlicher Kommunikationsmittel

Als Erzieherinnen stehen Sie den ganzen Tag über in ständigem Kontakt mit anderen Menschen. Da sind auf der einen Seite die Kinder, die mit Ihnen reden wollen und Ihre Zuwendung und Aufmerksamkeit suchen; da sind die Kolleginnen, mit denen Absprachen getroffen werden müssen und die sich Hilfe und Unterstützung bei der täglichen Arbeit erhoffen; da sind die Eltern, die Ihnen ihr Kind anvertrauen und in Ihnen eine Ansprechpartnerin für ihre Anliegen und Wünsche sehen. Mit all diesen Menschen setzen Sie sich ständig auseinander. Sie reagieren auf die anderen Menschen und die anderen Menschen reagieren auf Sie. Dabei läuft die gegenseitige Verständigung keineswegs nur über die Sprache. Ebenso bedeutsam wie die Sprache sind die nichtsprachlichen Verständigungsmittel wie Mimik, Gestik, Tonfall, der Ausdruck der Augen und die ganze Haltung des Körpers. Mithilfe der nichtsprachlichen Kommunikationsmittel können wir Gefühle und Stimmungen ausdrücken und deutlich machen, wie wir das meinen, was wir sagen.

Sprachliche und nichtsprachliche Kommunikationsmittel können verglichen werden mit Noten und dem Klang der Musik. »Der Ton macht die Musik«, nicht die Noten machen die Musik. Ein freundlicher, ermutigender Blick kann zum Beispiel den gesprochenen Worten eine ganz andere Bedeutung geben als ein grimmiger oder kritischer Blick. Der Tonfall kann ebenfalls liebevoll und ermunternd sein, somit aufbauend wirken, während ein scharfer Tonfall eine entmutigende oder lähmende Wirkung haben kann.

Die große Bedeutung nichtsprachlicher Kommunikation wird besonders deutlich im Umgang mit sehr jungen Kindern, die gesprochene Worte noch nicht verstehen, sowie im Umgang mit Eltern und Kindern mit Migrationshintergrund, die Deutsch als

Zweitsprache in der Kita lernen. Menschen, die keine Verständigungsmöglichkeit über die gesprochene Sprache haben, entwickeln ein sehr sensibles Gespür für die Kommunikation ohne Sprache. Sie entnehmen dem Tonfall ihrer Bezugspersonen, ihrem Gesichtsausdruck und der Art, wie sie berührt werden, wie diese zu ihnen stehen und spüren auf diese Weise, ob sie akzeptiert und geliebt oder missachtet und abgelehnt werden. Sie selbst bedienen sich der nichtsprachlichen Kommunikationsmittel, um sich verständlich zu machen und auf diese Art ihre Bedürfnisse zu artikulieren.

Während uns die Bedeutung der nichtsprachlichen Kommunikation im Umgang mit Menschen, die sich sprachlich noch nicht äußern können, deutlich bewusst ist, wird sie im Allgemeinen weniger beachtet, wenn die Sprache als Kommunikationsmittel dazu kommt. Trotzdem sind die nichtsprachlichen Kommunikationsmittel auch dann von größter Bedeutung. Gerade dieser Bereich ist sehr störanfällig und es kann hier zu großen Missverständnissen kommen, weil das, was wir mit unserer Körpersprache ausdrücken, nicht immer auch von anderen Personen richtig verstanden wird. Oftmals wissen wir dann überhaupt nicht so genau, was eigentlich die Ursache für die Störung ist und weshalb die Missverständnisse entstanden sind. In den folgenden Ausführungen soll verdeutlicht werden, wie bedeutsam und wichtig die nichtsprachlichen Kommunikationsmittel für die gegenseitige Verständigung sind.

Um sich der Bedeutung nichtsprachlicher Kommunikation bewusst zu werden, bieten wir in unseren Kursen zwei Übungen an. Sie geben die Möglichkeit, spielerisch zu diesem Thema wichtige Erfahrungen zu sammeln, die genauso auch auf die Realität übertragbar sind. Beide Übungen machen den Teilnehmerinnen großen Spaß und bieten einen idealen Einstieg in den Bereich der nichtsprachlichen Kommunikation. Sie eignen sich gut für Fortbildungs- und Ausbildungsgruppen, können aber auch im Team durchgeführt werden.

Übungen zur nichtsprachlichen Kommunikation

1. Jeweils vier Personen malen zusammen ein Bild zu einem vorgegebenen Thema, zum Beispiel »Ein Tag im Kindergarten«. Die Aufgabe für die Gruppe besteht darin, ein gemeinsames Bild zu malen, ohne dass dabei gesprochen wird.
2. Mehrere Personen bauen aus Materialien wie Kartons, Papier, Schachteln usw. eine Skulptur. Hier wird kein Thema vorgegeben. Die Aufgabe besteht darin, eine gemeinsame Skulptur zu erstellen, ohne dass dabei gesprochen werden darf.

In großen Gruppen ist es auch möglich, beide Übungen alternativ anzubieten und den Teilnehmerinnen die Wahl zu lassen.

Erfahrungen der Erzieherinnen mit diesen Übungen

Die Erzieherinnen können bei diesen Übungen vielfältige Erfahrungen sammeln. Die Form der Zusammenarbeit ist in den einzelnen Gruppen immer unterschiedlich, aber einig sind sich alle: »Kommunikation ist auch ohne Worte möglich.« Es wird bei diesen Übungen deutlich, dass Worte nicht notwendig sind, da unsere nichtsprachlichen Kommunikationsmittel durchaus zur Verständigung ausreichen. Die Kommunikation wird gestaltet durch Mimik, Gestik und Zeichensprache. Die Teilnehmerinnen teilen sich gegenseitig durch Stirnrunzeln, Nicken, Kopfschütteln und Lachen mit, ob sie mit den Ideen der anderen einverstanden sind oder nicht. Auch der Blickkontakt ist für die gegenseitige Verständigung von großer Bedeutung. Aufmunternde Blicke, mit denen die Teilnehmerinnen sich gegenseitig ihre Zustimmung signalisieren, wirken motivierend, die eigenen Ideen noch stärker einzubringen. Kritische Blicke dagegen bewirken eher, dass die anderen sich deutlich zurückhaltender zeigen und weniger Initiative entwickeln.

Bei vielen Gruppen ist die wichtigste Frage: »Wer fängt an?« Manche Gruppen zögern sehr lange und warten ab, bis eine Teilnehmerin die Initiative ergreift. In manchen Gruppen fangen die Teilnehmerinnen für sich alleine an und fügen das Bild oder die Skulptur später zu einem Ganzen zusammen. Manchmal ergreift auch eine Erzieherin schnell die Initiative und fängt an, zu malen oder zu bauen, und die anderen ergänzen die so entstandenen Vorgaben durch eigene Ideen.

Sich über das eigene Kommunikationsverhalten bewusst werden

Den Erzieherinnen, die an dieser Übung teilnehmen, werden oft Verhaltensweisen bewusst, die sie auch in ihrem beruflichen Alltag von sich kennen. So sagte zum Beispiel eine von den sehr aktiven Teilnehmerinnen: »Dieses Verhalten ist, glaube ich, typisch für mich. Und da wundere ich mich, dass die anderen sich immer auf mich verlassen.« Eine Erzieherin, die eher abwartet und dazu neigt, den anderen den Vortritt zu lassen, stellte fest: »Ich ärgere mich über mich selbst, weil ich durch dieses Verhalten oft nicht zum Zug komme.« Eine andere Erzieherin äußerte sich so: »Eigentlich fühle ich mich ganz wohl dabei, wenn andere das ›Zugpferd‹ sind. Mir ist das recht.«

Manche Erzieherinnen machen bei den Übungen auch die Erfahrung, dass sie durch ihren Beitrag versuchen, verschiedene Ideen miteinander zu verbinden, damit am Ende auch wirklich eine gemeinsame Arbeit entsteht, wobei sie aber auch eigene Beiträge einbringen, wenn es die Aktivität der anderen erlaubt. Diese Erzieherinnen wirken sehr ausgleichend und verbindend in der Gruppe, nehmen sich aber oftmals zu wenig Raum für die Verwirklichung ihrer eigenen Ideen.

Manchmal kann es auch zu Missverständnissen kommen, wenn eine Teilnehmerin ein Verhalten, eine Geste oder die Mimik einer anderen Teilnehmerin falsch versteht. Wenn sich zum Beispiel eine Teilnehmerin abwartend verhält und sich überlegt, was sie vielleicht an der gemeinsamen Arbeit noch ergänzen könnte, kann dies von den anderen entweder als produktive Pause richtig verstanden oder aber als Passivität missverstanden werden.

Wir sehen daran, dass wir uns gegenseitig immer etwas mitteilen, auch wenn wir nichts sagen oder tun. Die Kommunikationsforscher Watzlawick, Beavin und Jackson beschreiben dieses Phänomen, indem sie sagen: »Man kann nicht nicht kommunizieren.« (Watzlawick/Beavin/Jackson: Menschliche Kommunikation, S. 53). Sie führen in diesem Zusammenhang das Beispiel eines Mannes an, der im überfüllten Wartesaal auf den Boden starrt oder mit geschlossenen Augen dasitzt. Er teilt damit den anderen mit, dass er weder sprechen noch angesprochen werden will, und gewöhnlich reagieren seine Nachbarn richtig darauf, indem sie ihn in Ruhe lassen (vgl. ebenda S. 51).

1.2 Beispiele für nichtsprachliche Kommunikation aus dem Kindergartenalltag

Die Bedeutung nichtsprachlicher Kommunikation wird nun an einigen Beispielen aus dem Kindergartenalltag näher erläutert. Allen vier Beispielen ist gemeinsam, dass kein Wort gesprochen wird, aber trotzdem sehr viel Kommunikation zwischen den Beteiligten stattfindet.

Stellen Sie sich bitte einmal folgende Situationen vor:

1. Beispiel: Sie kommen am Morgen in den Kindergarten. Die Leiterin sitzt bei offener Tür im Büro. Sie schaut nur kurz auf, erwidert Ihren Gruß aber nicht.
Obwohl die Leiterin kein Wort gesagt hat, hat sie mit ihrer Mimik und Gestik deutliche Signale ausgesendet. Auch die Erzieherin hat kein Wort gesagt, aber mit Sicherheit hat das Verhalten der Leiterin auf sie eingewirkt. Sie wird sich mit großer Wahrscheinlichkeit überlegen, weshalb die Leiterin sich so verhält, und unter Umständen zu verschiedenen Erklärungsmöglichkeiten kommen. Sie könnte zum Beispiel annehmen, dass die Leiterin nur deshalb nicht grüßt, weil sie aufgrund ihrer Arbeit zu beschäftigt dazu ist. Sie könnte auch meinen, dass die Leiterin schlechte Laune hat. Vielleicht denkt sie, die Leiterin hätte plötzlich etwas gegen sie, und überlegt, was wohl zu der plötzlichen Antipathie geführt haben könnte.

2. Beispiel: Ein Kind aus Ihrer Gruppe wird in den Kindergarten gebracht. Das Kind weint, bleibt in der Tür stehen und will nicht in den Gruppenraum kommen.
Das Kind sendet durch sein Weinen und Stehenbleiben ein Signal an die Erzieherin aus. Die Erzieherin, die das Kind so dastehen sieht, könnte sich spontan – ohne dass ein Wort gesprochen wird – Gedanken über die Gründe des Weinens machen. Weint das Kind, weil es sich nicht von der Mutter trennen konnte? Ist es vielleicht nur übermüdet, weil es am Abend zuvor lange aufgeblieben ist? Hat es vielleicht Schwierigkeiten mit den anderen Kindern der Gruppe oder mit ihr als Erzieherin und will deshalb nicht im Kindergarten bleiben?

3. Beispiel: Sie sind im Gruppenraum. Eine Mutter kommt herein und runzelt dabei die Stirn.

Hier wird deutlich, dass auch sie, ohne ein Wort zu sagen, der Erzieherin eine Nachricht übermittelt. Die Erzieherin kann diese Nachricht nun wieder sehr unterschiedlich interpretieren. Vielleicht befürchtet sie, dass die Mutter etwas zu beanstanden hat und deshalb die Stirn runzelt. Oder sie deutet das Stirnrunzeln als Ausdruck von Ärger über ihr Kind. Es gibt, genau wie in den vorangegangenen Beispielen, viele Erklärungsmöglichkeiten.

4. Beispiel: Die neue Berufspraktikantin stellt sich bei Ihnen im Kindergarten vor. Sie ist sehr modisch gekleidet und trägt eine auffallende Brille.

Im vierten Fallbeispiel vermittelt die Berufspraktikantin ihren künftigen Kolleginnen einen Eindruck von ihrer Person durch die Art ihrer Kleidung und die ausgefallene Brille. Kleidung und Brille der Praktikantin wirken – ebenso wie in den vorangegangenen Beispielen die Mimik und die Gestik – auf die Kolleginnen ein. Vielleicht wird die Praktikantin jetzt als sehr modebewusst angesehen. Einige können vermuten, dass es ihr hauptsächlich auf Äußerlichkeiten ankommt, andere würdigen ihr Aussehen möglicherweise als Ausdruck einer eigenständigen Persönlichkeit.

1.3 Missverständnisse umgehen

Anhand der beschriebenen Beispiele wird deutlich, dass nichtsprachliche Kommunikation deshalb außerordentlich störanfällig ist, weil sie sehr viel Raum für die verschiedensten Interpretationen und Vermutungen zulässt. Diese Art der Kommunikation läuft sehr schnell ab und im Allgemeinen bleibt keine Zeit, lange darüber nachzudenken. Es kann daher schnell zu Vermutungen und Interpretationen kommen, ohne dass diese in Wirklichkeit auch zutreffen müssen. So wird möglicherweise der Grundstein für Missverständnisse und Störungen in der Kommunikation gelegt, ohne dass den Beteiligten bewusst wird, welche Ursachen diese Störungen haben. Je nachdem, wie wir die nichtsprachlichen Signale interpretieren, reagieren wir auch darauf.

Führen Sie sich in diesem Zusammenhang bitte noch einmal die Situation mit der Mutter vor Augen, die stirnrunzelnd in den Gruppenraum kommt. Nehmen wir einmal an, dass die Erzieherin das Stirnrunzeln als Ausdruck von Kritik an ihrer Arbeit oder ihrer Person bewertet. Sie reagiert vielleicht, indem sie sich ärgert und sich einer Beschäftigung zuwendet, ohne die Mutter weiter zu beachten. Die Mutter nimmt wahr, dass die Erzieherin sich abwendet, und vermutet vielleicht, dass sie nicht mehr mit ihr reden will. Sie reagiert, indem sie sich ebenfalls umdreht und weggeht.

Um Missverständnisse zu vermeiden, ist es von größter Bedeutung, dass wir im Umgang mit anderen Menschen lernen, unsere Wahrnehmungen als Wahrnehmungen und unsere Vermutungen als Vermutungen zu erkennen und beides auseinanderzuhalten und zu unterscheiden.

Definition von Wahrnehmung

Unter Wahrnehmung versteht man nur das, was man wirklich gesehen und gehört hat. Unter Vermutung versteht man alles, was man in das Wahrgenommene interpretiert hat.

In unserem Beispiel hat die Erzieherin lediglich das Stirnrunzeln der Mutter wahrgenommen, d.h. tatsächlich gesehen. Die Deutung des Stirnrunzelns als Ausdruck von Kritik ist nur eine Vermutung oder Interpretation, die überhaupt nicht zutreffen muss. Vielleicht hat die Mutter in diesem Moment nur an etwas Unerfreuliches gedacht, das mit dem Kindergarten nichts zu tun hat.

Es ist wichtig, sich klarzumachen, dass wir im Allgemeinen nicht nur aufgrund unserer Wahrnehmungen reagieren, sondern auch aufgrund unserer Vermutungen und Empfindungen, und dass umgekehrt auch unsere Sozialpartner auf uns nicht nur aufgrund ihrer Wahrnehmungen reagieren, sondern ebenfalls auch aufgrund ihrer Vermutungen und Empfindungen.

Trennung von Wahrnehmung Vermutung und Empfindung

Die Trennung von Wahrnehmung, Vermutung und Empfindung kann davor schützen, sich vorschnell ein möglicherweise unzutreffendes Bild von einem anderen Menschen zu machen und ihm eine bestimmte Haltung zuzuordnen und diese festzulegen. Man sollte sich bewusst machen, dass die Einschätzung einer anderen Person immer auch etwas mit den eigenen Vermutungen und Gefühlen zu tun hat. Menschen, die den Zusammenhang zwischen Wahrnehmung, Vermutung und Empfindung einmal für sich erkannt haben, ist die Chance gegeben, die eigenen Vermutungen zu überprüfen. In diesem Zusammenhang kann es hilfreich sein, über andere Möglichkeiten der Deutung nachzudenken oder auch nachzufragen, ob man den anderen richtig verstanden hat (vgl. auch Bröder: Sprachförderung, S. 37).

Die folgende Übung ist hilfreich, um sich die Unterschiede zwischen den drei Aspekten Wahrnehmung, Vermutung/Interpretation und Empfindung zu verdeutlichen. Man wird sich bewusst, wie schwer es ist, Wahrnehmungen und Interpretationen voneinander zu trennen. Die Erfahrungen, die die Teilnehmerinnen bei der Übung machen können, werden im Anschluss dargestellt, weil sie auch für die Leserin aufschlussreich sind (vgl. Schulz von Thun: Miteinander reden, S. 80).

Übung zur Wahrnehmung, Interpretation und Empfindung

A und B sitzen einander gegenüber. In der ersten Runde äußert A eine Minute lang nur Wahrnehmungen von B (zum Beispiel: »Ich sehe, dass deine Augen nach unten gerichtet sind.« – Nicht aber: »Ich sehe, dass du traurig guckst.«). Danach kommt B an die Reihe, ebenfalls eine Minute.

In der dritten Runde folgt der Dreischritt: Wahrnehmung – Vermutung/Interpretation – eigene Reaktion darauf (zum Beispiel: »Ich sehe deinen akkuraten Scheitel – ich vermute, du legst Wert auf äußere Korrektheit – und ich merke, dass mich das etwas provoziert.«). Wieder sprechen jeweils A und B ein bis zwei Minuten.

Anschließend: Erfahrungsaustausch.

Auswertung der Übung

Bei dieser Übung wird vielen Teilnehmerinnen bewusst, wie schwer es ihnen fällt, besonders Wahrnehmung und Interpretation voneinander zu trennen. In der ersten Runde, in der nur Wahrnehmungen geäußert werden sollen, teilen sich die Teilnehmerinnen oft schon Interpretationen und Vermutungen mit. So kann ein gemütliches Zurücklehnen als Langeweile interpretiert, ein Wegschauen als Ausdruck von Unbehagen gewertet oder das Aufstützen des Kopfes als Müdigkeit gedeutet werden.

Den Teilnehmerinnen wird weiterhin deutlich, dass die Vermutungen keineswegs immer zutreffen und sich die Gesprächspartner sehr missverstanden fühlen, wenn unzutreffende Vermutungen über sie geäußert werden. Im anschließenden Erfahrungsaustausch kann sich nämlich zeigen, dass ein gemütliches Zurücklehnen in diesem Fall kein Ausdruck von Langeweile, sondern von Entspannung ist, dass das Wegschauen keineswegs Desinteresse bedeuten muss, sondern eine Reaktion auf eine Ablenkung von außen sein kann oder dass das Aufstützen des Kopfes in Wirklichkeit nicht Müdigkeit bedeutet, sondern für den Gesprächspartner eine Haltung ist, bei der er sich besonders gut konzentrieren kann.

Bei der Äußerung von Empfindungen aufgrund der Wahrnehmungen und Interpretationen sind die Teilnehmerinnen eher zurückhaltend, um die anderen nicht zu verletzen oder ihnen zu nahe zu treten. Dies entspricht dem Verhalten in der Realität, macht aber nochmals bewusst, wie wichtig es ist, unsere Wahrnehmungen und unsere Interpretationen voneinander zu trennen. Viele negative Bewertungen in Bezug auf andere Menschen können sich auflösen oder zumindest infrage gestellt werden, wenn wir uns darüber klar werden, dass unsere Vermutungen überhaupt nicht zuzutreffen brauchen und es noch viele andere Möglichkeiten der Deutung gibt.

Zusammenfassung

In diesem Kapitel und in den Übungen wird deutlich, wie sehr wir einander durch die nichtsprachlichen Verständigungsmittel beeinflussen. Aufmunternde Blicke motivieren, kritische Blicke können Rückzug bewirken, schnelles Ergreifen der Initiative kann zu Passivität oder Zurückhaltung bei den anderen führen, und umgekehrt kann zu große Passivität bei den anderen große Aktivität zur Folge haben.

Ebenso wird deutlich, dass keineswegs alle nichtsprachlichen Signale von den anderen auch in der richtigen Bedeutung aufgenommen und verstanden werden, und dass es unmöglich ist, nicht zu kommunizieren.

Mimik, Gestik, Körperhaltung und Verhalten spielen in jeder Sekunde des Zusammenseins eine Rolle. Sie beeinflussen ständig – oft auch unbewusst – unsere Kommunikation miteinander, ohne dass ein Wort gefallen ist. Für den professionellen Umgang in der Kita mit Eltern und Kolleginnen hilft das Wissen darüber, den alltäglichen Umgang achtsam und aufmerksam zu erleben.

2.
Es steckt viel drin – Die vier Seiten einer Nachricht

In diesem Kapitel erfahren Sie

- **wie eine Äußerung – eine Nachricht, die wir senden – aufgebaut ist**
- **welche vier Botschaften eine Äußerung enthalten kann**
- **wie das Wissen um Kommunikationsabläufe im Alltag helfen kann**

2.1 Eine Nachricht senden

Die Sprache ist das wichtigste Verständigungsmittel für uns. Sie hilft uns einerseits, unsere Gedanken und Gefühle mitzuteilen, uns mit anderen auseinanderzusetzen, Gemeinsamkeiten zu finden, aber auch Konflikte zu meistern. Andererseits können wir durch unsere Sprache Missverständnisse hervorrufen, andere verletzen und kränken sowie Konflikte unter Umständen noch verschärfen. Sprache wirkt also aufbauend, klärend, hilfreich und ermutigend auf uns selbst und andere oder aber auch destruktiv – je nachdem, wie wir etwas sagen oder uns etwas gesagt wird.

Das persische Märchen veranschaulicht, welche Rolle die Sprache im Miteinander spielen kann.

Ein persisches Märchen: Der Traum und sein Sinn

Ein orientalischer König hatte einen beängstigenden Traum. Er träumte, dass ihm alle Zähne, einer nach dem anderen, ausfielen. Beunruhigt rief er seinen Traumdeuter herbei. Dieser hörte sich den Traum sorgenvoll an und eröffnete dem König: »Ich muss dir eine traurige Mitteilung machen. Du wirst genau wie die Zähne alle Angehörigen, einen nach dem anderen, verlieren.« Die Deutung erregte den Zorn des Königs. Er ließ den Traumdeuter in den Kerker werfen.

Dann ließ er einen anderen Traumdeuter kommen. Der hörte sich den Traum an und sagte: »Ich bin glücklich, dir eine freudige Mitteilung machen zu können. Du wirst älter werden als alle deine Angehörigen, du wirst sie alle überleben.« Der König war erfreut und belohnte ihn reich. Die Höflinge wunderten sich sehr darüber. »Du hast doch eigentlich nichts anderes gesagt als dein armer Vorgänger. Aber wieso traf ihn die Strafe, während du belohnt wurdest?« fragten sie. Der Traumdeuter antwortete: »Wir haben beide den Traum gleich gedeutet. Aber es kommt nicht nur darauf an, was man sagt, sondern auch, wie man es sagt.«

Im Folgenden soll es darum gehen, wie unsere gegenseitige Verständigung abläuft, wenn zu der nichtsprachlichen Äußerung die Sprache als Kommunikationsmittel dazu kommt. Mit dem Schaubild kann vereinfacht dargestellt werden, was geschieht, wenn zwei Menschen miteinander kommunizieren.

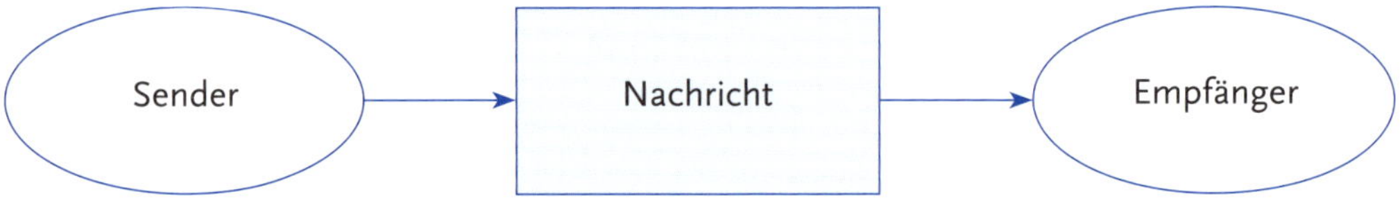

Nun ist es aber keineswegs so, dass mit einer Nachricht auch eindeutig und klar nur eine Information übermittelt wird. Wie komplex eine Nachricht ist und wie viele Botschaften der Sender dem Empfänger in einer Nachricht übermittelt, soll zunächst wieder an den folgenden Beispielen aus dem Kindergartenalltag verdeutlicht werden.

2.2 Beispiele aus dem Kindergartenalltag

Betrachten wir die verschiedenen Beispiele der Reihe nach und überlegen einmal, was in den einzelnen Äußerungen möglicherweise zum Ausdruck gebracht wird, indem wir uns in den Sender hineinversetzen.

1. Beispiel: Die Erzieherin kommt in den Aufenthaltsraum und sagt zu einer Kollegin: »Schon wieder liegen Ihre Sachen überall herum!«

Im Beispiel vermittelt die Erzieherin ihrer Kollegin die sachliche Botschaft: »Ihre Sachen liegen überall im Raum herum.« Aber wir merken, dass in dieser Aussage noch viel mehr als eine sachliche Information mitschwingt.

So sagt die Erzieherin zweitens auch eine ganze Menge über sich selbst und ihre momentane Gefühlslage aus. Sie ist offenbar sehr verärgert über das Verhalten ihrer Kollegin. In Worten ausgedrückt, könnte sie sagen: »Ich bin sehr ärgerlich wegen der Unordnung!« Die dritte Botschaft, die in dieser Aussage mitschwingt, ist der Vorwurf an die Kollegin wegen ihrer Unordnung. In Worten ausgedrückt, hieße dies vielleicht: »Sie sind die Unordentlichkeit in Person!« Die vierte Botschaft enthält den deutlichen Appell an die Kollegin, Ordnung zu schaffen und die Bedürfnisse der anderen nach Ordnung zu respektieren: »Bitte räumen Sie endlich auf!«

2. Beispiel: Die Erzieherin sagt zur Praktikantin: »Der Klebstoff ist leer.«

Analysieren wir das zweite Beispiel auf seine verschiedenen Botschaften hin. Zunächst ist da wieder die Sachinformation, nämlich dass der Klebstoff leer ist.

Die zweite Botschaft sagt etwas über die Erzieherin selbst und ihr Empfinden in dieser Situation. Je nachdem, wie sie es sagt, kann man schließen, dass sie verärgert ist, weil kein neuer Klebstoff vorrätig ist. In Worten: »Ich ärgere mich, weil der Klebstoff leer ist und kein neuer gekauft wurde!« Die dritte Botschaft ist eventuell ein Vorwurf an die Praktikantin, weil sie nicht für Nachschub gesorgt hat. Diese Botschaft sagt etwas über die Beziehung der Erzieherin zur Praktikantin aus. Die vierte Botschaft stellt möglicherweise einen Appell an die Praktikantin dar, endlich neuen Klebstoff zu besorgen. In Worten: »Bitte kaufen Sie neuen Klebstoff!«

3. Beispiel: Eine Mutter sagt beim Abholen zu ihrem Kind: »Du, die Oma wartet schon auf uns!«

In diesem Beispiel gibt die Mutter dem Kind zunächst die sachliche Information, dass die Oma wartet. Sie zeigt möglicherweise durch ihre Art zu sprechen und ihre Unruhe, dass sie es sehr eilig hat und unter Druck steht. Damit macht sie eine Aussage über ihre eigene Befindlichkeit. Die dritte Botschaft ist unter Umständen der Vorwurf an das Kind, dass es zu sehr trödelt und die Mutter mit seiner Langsamkeit aufhält. Die vierte Botschaft enthält die Aufforderung an das Kind, sich zu beeilen.

2.3 Das Kommunikationsmodell nach Schulz von Thun

Bei allen drei Beispielen konnten wir feststellen, dass in einer Nachricht, jeweils vier verschiedene Botschaften übermittelt worden sind. Das gilt nicht nur für die oben genannten Beispiele, sondern allgemein für jede Nachricht, die wir uns gegenseitig übermitteln. Nach dem Kommunikationsmodell von Schulz von Thun werden in einer Nachricht jeweils vier verschiedene Botschaften übermittelt (vgl. Schulz von Thun: Miteinander reden, S. 27 ff.).

Definition der vier Seiten

1. **Die Sachseite:** Sie meint nur den sachlichen Inhalt der Nachricht.
2. **Die Selbstoffenbarungsseite:** Sie gibt Aufschluss über die Person, die die Nachricht sendet. Dies bezieht sich sowohl auf äußere Merkmale des Senders, wie Nationalsprache, Dialekt usw., als auch auf die innere Befindlichkeit, d. h. auf seine Gefühle und Empfindungen.
3. **Die Beziehungsseite:** Sie sagt etwas darüber aus, wie die Person, die die Nachricht sendet, zu dem Empfänger der Nachricht steht und wie sie über ihn denkt.
4. **Die Appellseite:** Sie gibt Aufschluss darüber, welche Erwartungen der Sender der Nachricht an den Empfänger hat und wozu er ihn veranlassen möchte.

Jede Nachricht wird also mit vierfacher Bedeutung vom Sender zum Empfänger geschickt. Als Modell kann man das folgendermaßen darstellen:

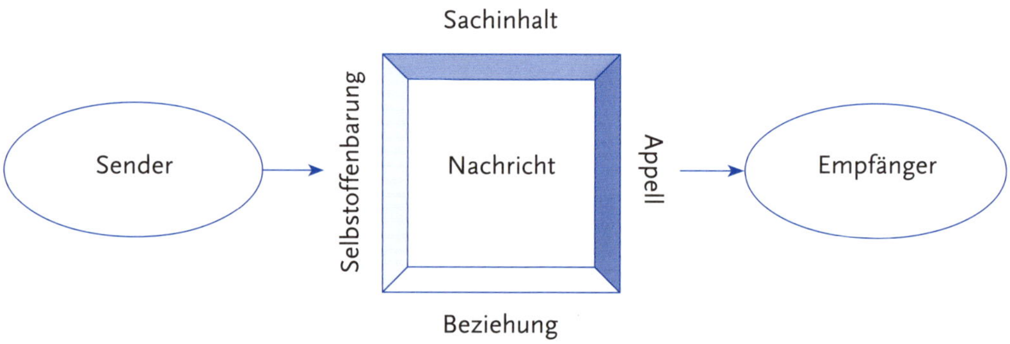

Denken wir nun nochmals an das Beispiel von der Erzieherin (Sender), die sich über ihre Kollegin (Empfänger) wegen deren Unordentlichkeit ärgert und dies mit dem Satz zum Ausdruck bringt: »Schon wieder liegen Ihre Sachen überall herum!« Zur Veranschaulichung soll diese Nachricht mithilfe des oben dargestellten Kommunikationsmodells noch einmal auf ihre vier Seiten hin untersucht werden.

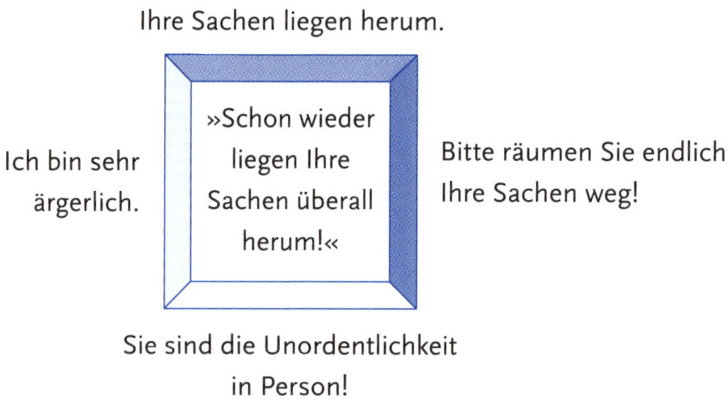

Übung zu den vier Seiten einer Nachricht

Ziel dieser Übung ist es, sich bewusst zu machen, dass jede Nachricht vier Botschaften enthält, die hier herausgearbeitet werden sollen (Sach-, Selbstoffenbarungs-, Beziehungs- und Appellseite).

Aufgabenstellung

Stellen Sie sich bitte bei der jeweiligen Äußerung vor, Sie selbst wären der Sender der Nachricht, also in Übung 1 die Mutter, in Übung 2 die Kollegin und in Übung 3 das Kind. Überlegen Sie sich dann, wie die vier Seiten Ihrer Nachricht beschrieben werden könnten.

1. Mutter: »Wenn ich an die Schule denke, wird in diesem Kindergarten viel zu viel gespielt und zu wenig gearbeitet.«

Sachseite: ______________________________

Selbstoffenbarungsseite: ______________________________

Beziehungsseite: ______________________________

Appellseite: ______________________________

2. Kollegin: »Immer muss ich die ganze Arbeit allein machen!«

Sachseite: ______________________________

Selbstoffenbarungsseite: ______________________________

Beziehungsseite: ______________________________

Appellseite: ______________________________

3. Kind: »Schau mal, ich habe eine neue Haarspange!«

Sachseite: ______________________________

Selbstoffenbarungsseite: ______________________________

Beziehungsseite: ______________________________

Appellseite: ______________________________

Lösungsvorschläge zu dieser Übung finden Sie auf S. 136 ff. Die Beschreibung der verschiedenen Seiten muss nicht mit Ihrer Beschreibung übereinstimmen. Es wird in der Auswertung lediglich eine Möglichkeit der Beschreibung aufgezeigt. Verschiedene Personen können zu unterschiedlichen Beschreibungen der einzelnen Seiten einer Nachricht kommen. Das liegt daran, dass man die Beispiele auch in unterschiedlichem Zusammenhang (Kontext) sehen kann – insofern gibt es keine richtigen und keine falschen Beschreibungen. Es sollte jedoch neben der Sach- und Selbstoffenbarungsebene deutlich werden, in welcher Beziehung die Mutter/die Kollegin/das Kind zu der Erzieherin steht bzw. was Mutter, Kollegin oder Kind von der Erzieherin erwarten und wozu sie sie veranlassen möchten (Appell).

Zusammenfassung

Wenn wir mit anderen sprechen, schwingen viele verschiedene Botschaften in unserer Nachricht mit. Nicht allein der Sachinhalt bestimmt unsere Äußerung, sondern wir teilen auch etwas über uns selbst und unsere Beziehung zu unserem Gegenüber mit. Oft wollen wir auch etwas Bestimmtes mit unserer Äußerung erreichen (Appell). Schulz von Thun hat zur Veranschaulichung das Vier-Seiten-Modell der Kommunikation entwickelt.

Im Gespräch mit den Kindern, den Erziehungsberechtigten und den Kolleginnen ist es hilfreich, sich immer wieder vor Augen zu führen, dass eine Nachricht unterschiedliche Bedeutungen haben kann, die dem Sender in diesem Moment möglicherweise auch nicht alle bewusst sind.

3.
Zuhören lernen – Eine Nachricht empfangen

In diesem Kapitel erfahren Sie

- dass Zuhören ein wesentlicher Teil von Kommunikation ist
- wie das Vier-Seiten-Modell sich auf das Zuhören auswirken kann
- wie man Missverständnisse aufseiten des Empfängers vermeiden kann

3.1 Einfach zuhören

Zuhören ist eine Grundvoraussetzung, wenn wir konstruktiv und förderlich miteinander umgehen wollen. Das klingt zunächst selbstverständlich, bei genauerem Hinsehen wird aber deutlich, dass es überhaupt nicht so einfach ist, einem anderen Menschen wirklich zuzuhören.

Kishon beschreibt in einer Satire verschiedene Situationen, in denen einer dem anderen nicht zuhört. Ein Ausschnitt soll hier zur Veranschaulichung eingefügt werden.

Ephraim Kishon: Keiner hört zu

Was ich da entdeckt habe, geht – wie so manche bedeutende Entdeckung – auf einen Zufall zurück. Ich saß an einem Tisch des vor kurzem neu eröffneten Restaurants Martin & Maiglock und versuchte, ein Steak zu bewältigen, das es an Zähigkeit getrost mit *Golda Meir* aufnehmen könnte. Von den beiden Inhabern beaufsichtigte Herr Martin den Küchenbetrieb, während Herr Maiglock gemessenen Schrittes im Lokal umherwandelte und jeden Gast mit ein paar höflichen Worten bedachte. So auch mich. Als er meinen Tisch passierte, beugte er sich vor und fragte:

»Alles in Ordnung, mein Herr? Wie ist das Steak?«

»Grauenhaft!« antwortet ich.

»Vielen Dank, wir tun unser Bestes!« Maiglock setzte ein strahlendes Lächeln auf, verbeugte sich und trat an den nächsten Tisch.

(aus: E. Kishon: Kein Öl, Moses?, S. 68)

Golda Meir war zu Kishons Zeit Ministerpräsidentin von Israel und bekannt für ihr ausdauerndes und zähes Verhandlungstalent.

Kishon schildert eine Kommunikationssituation, die von außen betrachtet ein Gespräch darstellt. Es zeigt sich, dass die Grundvoraussetzung für eine Verständigung das Zuhören und das Sich-zuwenden zu seinem Gegenüber ist. Nur so wird es ein echtes Gespräch miteinander.

Beispiele aus dem Kindergartenalltag

1. Beispiel: Der Vertreter einer Spielzeugfirma möchte Ihnen im Kindergarten den neuesten Katalog anbieten.

Bei dem Vertreter der Spielzeugfirma steht eindeutig die Sachseite im Vordergrund. Er möchte sachlich über die neuesten Angebote der Firma informieren und erwartet eine ebenso sachliche Reaktion der Erzieherin auf seine Angebote.

2. Beispiel: Ein neues Kind kommt zu Ihnen und fragt ein wenig traurig: »Wann kommt denn endlich meine Mama?«

Für das Kind, das die Erzieherin nach der Mutter fragt, steht die Selbstoffenbarungsseite im Vordergrund. Es macht der Erzieherin mit seiner Frage deutlich, dass es sich nach seiner Mutter sehnt und sich vielleicht ein wenig verloren im Kindergarten fühlt. Die Kommunikation zwischen Erzieherin und Kind ist dann gelungen, wenn die Erzieherin diese Botschaft des Kindes heraushört und empathisch darauf eingeht. Es wäre dem Kind wenig mit einer sachlichen Information über die Uhrzeit gedient, zumal es wahrscheinlich nichts mit einer Zeitangabe anfangen könnte.

3. Beispiel: Sie sind zusammen mit einer Kollegin in der Gruppe und das Telefon klingelt. Sie rufen Ihrer Kollegin zu: »Das Telefon klingelt!«

Wenn Sie selbst im Moment nicht aufstehen und zum Telefon gehen können, Ihre Kollegin aber das Klingeln nicht gehört hat, steht hier die Appellseite im Vordergrund. Die Erzieherin sagt zwar auf der Sachseite, dass das Telefon klingelt, will aber mit ihrer Aussage die Bitte oder den Appell an die Kollegin senden, ans Telefon zu gehen. Würde die Kollegin zum Beispiel lediglich die Sachinformation bestätigen, seelenruhig sitzen bleiben und den Appell überhören, wäre die Kommunikation zwischen den Erzieherinnen gestört.

Die Beispiele verdeutlichen, wie wichtig es für den Empfänger ist, herauszufinden, welche Seite der Nachricht von besonderer Bedeutung ist. Es können sehr leicht Missverständnisse entstehen, wenn der Empfänger einer bestimmten Seite der Nachricht ein besonderes Gewicht gibt, obwohl sie für den Sender von geringer Bedeutung ist.

3.2 Die vier Seiten einer Nachricht hören

Auch der Empfänger einer Nachricht ist für das richtige Verstehen verantwortlich

Wir kennen alle aus dem Alltag den Satz: »Das habe ich doch überhaupt nicht gesagt!« Der Sender bringt damit zum Ausdruck, dass er sich missverstanden fühlt, weil seine Nachricht beim Empfänger nicht so angekommen ist, wie er sie verstanden wissen wollte. Der Empfänger hat immer die Möglichkeit zu wählen, auf welche Seite der Nachricht er reagieren will, insofern liegt die Verantwortung für das richtige Verstehen auch beim Empfänger. Auf die Schwierigkeiten, die beim Zuhören und richtigen Verstehen einer Nachricht entstehen können, soll in den folgenden Ausführungen eingegangen werden.

Zuhören auf der Sachseite

Manche Menschen neigen dazu, besonders auf die Sachseite einer Nachricht zu reagieren, und versuchen deshalb, alle Auseinandersetzungen auf der Sachebene zu führen. Dabei kommt es immer dann zu Schwierigkeiten, wenn das Problem in Wirklichkeit nicht auf der Sachebene, sondern im zwischenmenschlichen Bereich liegt. Dies soll an den folgenden Beispielen verdeutlicht werden.

1. Beispiel: Kita-Leiterin – Erzieherinnen

Die Erzieherinnen sind seit einiger Zeit unzufrieden mit dem Führungsstil ihrer Leiterin. Sie fühlen sich von ihr bevormundet und zu wenig in anstehende Entscheidungen mit einbezogen. Eines Tages teilt die Leiterin dem Team ihren Plan mit, mit den Vorschulkindern zum Abschluss der Kita-Zeit in einer Jugendherberge zu übernachten. Das Team sperrt sich nun mit vielen Sachargumenten geschlossen gegen das Vorhaben der Leiterin. Der eigentliche Grund für die Ablehnung aber liegt darin, dass sich das Team ständig von der Leiterin übergangen fühlt.

2. Beispiel: Träger/Pfarrer – Erzieherinnen

Der neue Pfarrer wünscht, dass im Kindergarten mehr Wert auf die religiöse Erziehung gelegt wird. Die Erzieherinnen sind verunsichert und fühlen sich von dem Wunsch des Pfarrers überfordert. Dieser reagiert, indem er auf den Arbeitsvertrag mit dem Träger verweist und klarstellt, dass die religiöse Erziehung laut Vertrag Bestandteil der pädagogischen Arbeit sein soll. Mit dieser Erwiderung hat der Pfarrer zwar sachlich Recht, aber seine Reaktion ist nicht förderlich, weil das Problem in dem Gefühl der Unsicherheit und Überforderung, das die Erzieherinnen haben, liegt.

Anhand der Beispiele ist deutlich geworden, dass die Sachseite für den Empfänger nicht unbedingt die wichtigste Seite der Nachricht zu sein braucht. Es ist jedoch grundlegend, diese Seite immer auch zu erfassen, um zu verstehen, worin der sachliche Inhalt einer Nachricht besteht.

Zuhören auf der Beziehungsseite

Wenn wir unserem Gesprächspartner auf der Beziehungsseite zuhören, hören wir auf das, was er uns über uns selbst mitteilt, und erfahren, wie er im Augenblick zu uns steht. Die Kommunikation ist, was diese Seite der Nachricht anbelangt, besonders störanfällig. Manche Menschen haben die Tendenz, besonders auf die Beziehungsseite einer Nachricht zu reagieren. Sie neigen dazu, auch in beziehungsneutralen Äußerungen eines anderen eine Stellungnahme zu ihrer Person herauszuhören, und fühlen sich deshalb oftmals schnell gekränkt und beleidigt.

1. Beispiel: Mutter – Erzieherin

Die Mutter spricht die Erzieherin beim Abholen des Kindes an und sagt: »Christof hat schon seit ein paar Tagen sein Brot im Kindergarten nicht mehr gegessen.«

Bei diesem Beispiel soll davon ausgegangen werden, dass die Mutter sachlich über das Thema reden und mit der Erzieherin besprechen will, ob sie Christof im Augenblick lieber überhaupt kein Brot mitgeben soll.

Falls die Erzieherin nun besonders sensibel auf die Beziehungsseite reagiert und dazu neigt, sich schnell angegriffen zu fühlen, wird sie die Äußerung der Mutter wahrscheinlich als gegen ihre Person gerichtet missverstehen. Sie wird möglicherweise den Vorwurf heraushören, dass sie sich nicht genügend um das Frühstück von Christof gekümmert hat. Ihre Reaktion könnte zum Beispiel lauten: »Ich kann mich bei den vielen Kindern nun wirklich nicht darum kümmern, ob Christof sein Frühstück gegessen hat oder nicht!« Die Mutter, die in Wirklichkeit überhaupt keinen Vorwurf vorbringen wollte, wird sich wahrscheinlich über die »patzige« Antwort der Erzieherin ärgern und entsprechend reagieren.

2. Beispiel: Erzieherin – Mutter

Die Erzieherin sagt zur Mutter: »Svenja ist in der letzten Zeit sehr unruhig in der Gruppe und kann sich schlecht konzentrieren. Das ist so, seitdem sie jeden Morgen so früh gebracht wird.« (Die Mutter hat wieder eine Halbtagsstelle angenommen.)

Wir gehen in diesem Beispiel davon aus, dass die Erzieherin die Mutter darüber informieren möchte, dass Svenja im Augenblick noch Schwierigkeiten hat, sich an die neue Situation zu gewöhnen. Eine Mutter, die dazu neigt, besonders auf die Beziehungsseite zu reagieren, könnte aus der Äußerung der Erzieherin einen Vorwurf gegen ihre Person heraushören. Sie fühlt sich möglicherweise angegriffen, weil sie vermutet, die Erzieherin sehe in der Tätigkeit der Mutter schlechte Bedingungen für Svenja. Sie fühlt sich von der Erzieherin als »Rabenmutter« abqualifiziert und reagiert entsprechend gereizt. Die Erzieherin fühlt sich dadurch verständlicherweise ungerecht behandelt und wird wiederum entsprechend antworten.

Wenn wir mit anderen im Gespräch sind, ist es also sehr wichtig zu wissen, wie störanfällig insbesondere die Beziehungsseite ist. Wir müssen mit dieser Seite sehr sensibel umgehen und uns klarmachen, dass wir Angriffe und Kränkungen vielleicht nur aus der Äußerung der anderen heraushören, ohne dass diese es auch so meinen.

Zuhören auf der Appellseite

Auf der Appellseite hören wir unserem Gesprächspartner dann zu, wenn wir versuchen herauszufinden, was er von uns erwartet oder verlangt. Manche Menschen haben die Tendenz, besonders auf die Appellseite einer Nachricht zu hören. Sie sind sozusagen immer auf dem Sprung, um möglichst schnell zu erfassen, was von ihnen erwartet wird. Sie wollen es anderen immer recht machen und vernachlässigen dabei häufig sich selbst und die eigenen Vorstellungen und Wünsche.

1. Beispiel: Team – Praktikantin

Die Kolleginnen sitzen in der Mittagspause zusammen. Der Tisch ist gedeckt und alle sind in fröhlicher Stimmung. Als das Ende der Mittagspause naht, sagt eine der Erzieherinnen: »Der Tisch muss noch abgeräumt werden!« Die Praktikantin steht sofort auf und beginnt mit dem Aufräumen.

Wenn wir davon ausgehen, dass in diesem Kindergarten partnerschaftlich gearbeitet wird und es keineswegs als Aufgabe der Praktikantin gesehen wird, Aufräumarbeiten allein zu erledigen, kann man aus dem Verhalten der Praktikantin schließen, dass sie dazu neigt, besonders stark auf die Appellseite zu reagieren. Sie hat die Äußerung der Erzieherin als Aufforderung an sich selbst verstanden, obwohl diese die Praktikantin nicht direkt angesprochen hat und ihre Äußerung keineswegs als »Wink mit dem Zaunpfahl« gemeint war.

2. Beispiel: Leitung – Team

Die Erzieherinnen haben eine lang andauernde Teambesprechung. Zwischendurch fragt die Leiterin: »Ist noch Kaffee da?« Sofort springt eine Erzieherin mit den Worten auf: »Ich mache schnell welchen!«

Auch in diesem Beispiel wird deutlich, dass die Erzieherin ganz auf die Appellseite der Äußerung reagiert hat. Vielleicht wollte die Leiterin nur wissen, ob noch Kaffee von der Mittagspause übrig geblieben ist, und hat nicht beabsichtigt, die Erzieherin in die Küche zu schicken, um Kaffee zu kochen.

Anhand der Beispiele wird deutlich, dass in der Äußerung eines anderen nicht vorrangig ein Appell stecken muss, sondern dass nur wir selbst möglicherweise dazu neigen, besonders auf die Appellseite zu reagieren, und deshalb die eigentliche Botschaft der Nachricht missverstehen.

Zuhören auf der Selbstoffenbarungsseite

Das Zuhören auf der Selbstoffenbarungsseite bezieht sich auf das, was der Gesprächspartner in seiner Nachricht über sich selbst aussagt. Manche Menschen neigen bei Konflikten dazu, besonders auf die Selbstoffenbarungsseite der Äußerung ihres Gegenübers zu reagieren, indem sie nichts an sich herankommen lassen, sondern das Problem immer nur beim anderen sehen.

1. Beispiel: Erzieherin – Leiterin

Eine Erzieherin verlässt hin und wieder während der Kindergartenzeit die Gruppe, um einzukaufen, obwohl die Kinder in dieser Zeit unbeaufsichtigt sind. Die Leiterin befürchtet, dass ein Unfall passieren könnte, wenn die Erzieherin gerade beim Einkaufen ist, und kritisiert diese wegen ihres Verhaltens. Die Erzieherin reagiert, indem sie sagt: »Die frühere Leiterin hatte nichts dagegen. Sie machen sich ja immer Sorgen!«

Mit ihrer Antwort macht die Erzieherin deutlich, dass sie das Problem eindeutig bei der Leiterin sieht, weil diese in ihren Augen völlig übertrieben reagiert. Sie ist in keiner Weise bereit, über ihr eigenes Verhalten selbstkritisch nachzudenken, und sieht deshalb auch keinen Grund, daran etwas zu ändern. Sie dreht mit ihrer Äußerung den Spieß um, indem sie die Leiterin für den Konflikt verantwortlich macht, obwohl sie selbst ihn verursacht hat. Das Zuhören auf der Selbstoffenbarungsseite kann also auch missbraucht werden, um sich selbst aus der Verantwortung zu ziehen und berechtigte Kritik abzuwehren (in diesem Fall wird der Hinweis auf die rechtlich vorgeschriebene Aufsichtspflicht ignoriert).

2. Beispiel: Mutter – Erzieherin

Eine Mutter sagt zur Erzieherin: »Ich weiß nicht mehr, was ich tun soll. Jan wacht nachts ständig auf und sagt, dass er Angst hat.« Die Erzieherin erwidert: »Sie sind im Augenblick ratlos und machen sich große Sorgen um Jan.«

Die Erzieherin geht in dieser Erwiderung empathisch und einfühlsam auf die Empfindungen der Mutter ein und gibt ihr damit das Gefühl, ernst genommen und verstanden zu werden. Man nennt diese Form des Zuhörens das »aktive Zuhören«.

Mit dem Hören und Reagieren auf die Selbstoffenbarungsseite der Nachricht eines anderen verbinden sich große Chancen für ein hilfreiches und weiterführendes Gespräch. Das Zuhören auf der Selbstoffenbarungsseite eröffnet die Möglichkeit, sich in die Gedanken und Gefühle eines anderen Menschen hineinzuversetzen und ihn zu verstehen.

Wie wir im ersten Beispiel gesehen haben, kann man es aber auch missbrauchen, indem man unempfindlich für die kritischen Rückmeldungen von anderen wird.

Auf diese Art des Zuhörens wird im Folgenden intensiv eingegangen, denn aktives Zuhören ist die Grundvoraussetzung für Gespräche, die anderen weiterhelfen sollen. Wie wir später noch sehen werden, hat das Zuhören auf der Selbstoffenbarungsebene eine sehr positive Wirkung auf den Ratsuchenden, wenn es verantwortungsvoll angewendet wird.

Zusammenfassung

Die Schwierigkeit beim Zuhören bzw. beim Empfangen einer Nachricht besteht darin, alle vier Seiten aufzunehmen, richtig zu verstehen und auf diejenige Seite der Nachricht zu reagieren, die für den Sender von vorrangiger Bedeutung ist. Der Empfänger ist also auch dafür verantwortlich, wie die gesendete Nachricht bei ihm ankommt. Das Vier-Seiten-Modell von Schulz von Thun erklärt nicht nur das Senden einer Nachricht, sondern auch wie wir eine Nachricht empfangen bzw. hören.

Bei allen Gesprächen in der Kita spielen die vier Seiten einer Nachricht eine wichtige Rolle. Welche Seiten jeweils im Vordergrund stehen, hängt von der Thematik und dem Inhalt des Gespräches ab.

4. Das Richtige verstehen – Nachrichten entschlüsseln

In diesem Kapitel erfahren Sie

- **wie das Kommunikationsmodell das Verstehen von Nachrichten erklärt**
- **dass bestimmte Rahmenbedingungen das richtige Verstehen unterstützen können**
- **wie man professionell das Verstehen von Nachrichten in Beratungsgesprächen einsetzen kann**

4.1 Verstehen im Kommunikationsmodell nach Schulz von Thun

Schulz von Thun stellt mithilfe des folgenden Modells der zwischenmenschlichen Kommunikation anschaulich dar, dass die Nachricht, die gesendet wird, nicht unbedingt mit der Nachricht, die beim Empfänger ankommt, übereinstimmen muss (vgl. Schulz von Thun: Miteinander reden, S. 90). Deshalb wird unterschieden zwischen gesendeter Nachricht und empfangener Nachricht. Weiterhin wird anhand dieses Modells deutlich, dass die Reaktion des Empfängers, das Feedback, davon abhängig ist, wie er die Nachricht des Senders verstanden hat.

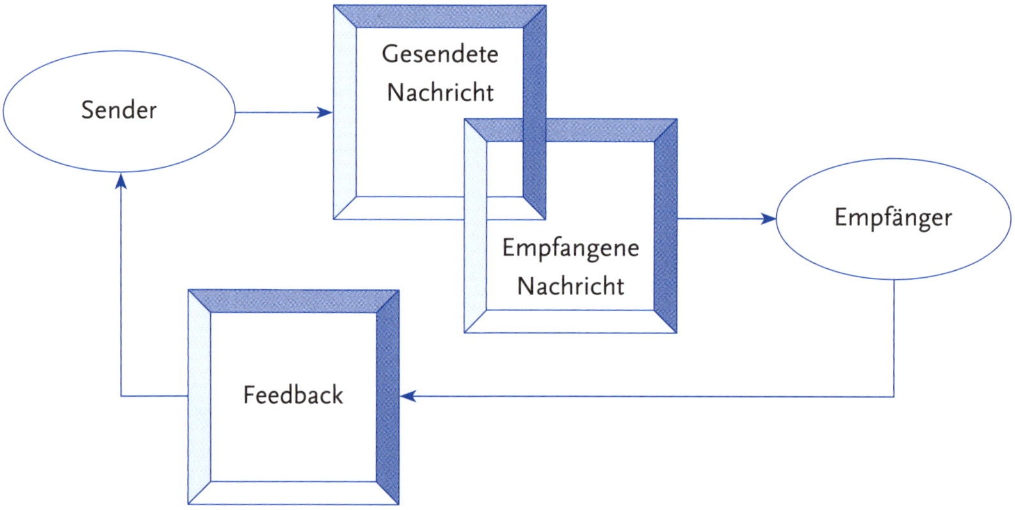

In den vorangegangenen Ausführungen ist deutlich geworden, dass Missverständnisse und Störungen in der Kommunikation mit anderen dann aufkommen, wenn der Empfänger die Nachricht nicht in der Bedeutung aufnimmt und versteht, in der sie vom Sender abgeschickt wurde. Der Empfänger der Nachricht ist ebenso wie der Sender verantwortlich für die gegenseitige Verständigung, da seine Reaktion auf die Nachricht zu einem guten Teil sein eigenes Werk ist.

Es ist wichtig, diese Vorgänge aus der Kommunikationspsychologie zu kennen und sich immer wieder bewusst zu machen, dass wir als Zuhörer mitverantwortlich dafür sind, wie eine Nachricht bei uns ankommt. Das Wissen um den Unterschied von gesendeter und empfangener Nachricht kann hilfreich sein, wenn es darum geht, Missverständnisse zu erkennen und auszuräumen. Denn wenn einmal klar ist, wo die Ursache der Störung liegt, ist es in vielen Fällen auch leichter, darüber zu reden und damit umzugehen.

4.2 Hilfen zur Entschlüsselung von Nachrichten

Anhand der folgenden Übung wird deutlich, wo die Schwierigkeiten liegen, wenn wir einem anderen Menschen zuhören und erfassen wollen, was er inhaltlich zum Ausdruck bringen will. Sie gibt Aufschluss darüber, welche Probleme bei der Kommunikation auf der vermeintlich so klaren Sachebene entstehen können.

Übung: Der kontrollierte Dialog

Beim kontrollierten Dialog sitzen sich zwei Gesprächspartner gegenüber und einigen sich zunächst auf ein Thema, zu dem sie verschiedener Meinung sind. Die Aufgabe besteht darin, über das Thema zu reden, allerdings muss jeder immer zuerst die Argumente seines Partners sinngemäß wiederholen, bevor er selbst seine Argumente vorbringen kann. Nach dem Wiederholen der Argumente des Gesprächspartners bestätigt dieser die inhaltliche Richtigkeit mit »stimmt« oder »stimmt nicht«.

Weiterhin gehört zu dieser Übung ein Beobachter, der das Gespräch mitverfolgt, die beiden Gesprächspartner auf mögliche Ungenauigkeiten oder Verständigungsfehler aufmerksam macht und weiterhilft, wenn das Gespräch ins Stocken gerät. Das Gespräch kann etwa zehn Minuten dauern. Dann wechseln die Gesprächspartner, sodass jeder auch einmal die Rolle des Beobachters übernimmt. Es ist ohne Vorbereitung im Team durchführbar.

Beispiel

- »Ich fahre am liebsten im Sommer in die Berge, weil ich dort wandern kann.« – »Du fährst am liebsten in die Berge, weil du dort wandern kannst.« – »Stimmt!«
- »Ich fahre am liebsten ans Meer, weil ich es besonders schön finde, in der Sonne zu liegen und baden zu gehen.« – »Du fährst am liebsten ans Meer, weil du gerne in der Sonne liegst und im Meer baden gehst.« – »Stimmt!«
- »Ich persönlich finde es langweilig, in der Sonne zu liegen, außerdem ist es auch ungesund.« – »Du findest es langweilig ...« usw.

Die Übung wird von den Teilnehmerinnen als sehr schwierig empfunden, weil es große Konzentration erfordert, bis zum Schluss zuzuhören, um dann auch noch die Aussage des anderen zu wiederholen, bevor die eigenen Argumente vorgebracht werden können. Sie birgt auch das Potenzial, sich misszuverstehen. Viele machen die Erfahrung, dass nicht nur der Inhalt das Zuhören erschweren kann, sondern auch die Rahmenbedingungen, etwa in welcher Weise man die Aussage formuliert oder wie der Kontext sich gestaltet.

Aus Sicht des Sprechers

Das Entschlüsseln einer Nachricht wird deutlich erschwert, wenn der Sprecher sich ungenau ausdrückt und der Zuhörer deshalb nicht versteht, was der andere eigentlich sagen will. Der Sprecher packt viel zu viele Informationen in einen Satz, der dadurch häufig zu lang, zu verschachtelt und unübersichtlich wird. Ebenso unverständlich für den Zuhörer ist es, wenn der Sprecher nicht so genau weiß, was er eigentlich sagen will. Er organisiert seine Gedanken nicht und bringt damit den Zuhörer in die schwierige Lage, selbst die Gewichtung der einzelnen Informationen herausfinden zu müssen. Spricht der Sprecher immer weiter, weil er vielleicht nicht weiß, wie er zum Ende kommen soll oder weil er sich ohne Resonanz des Zuhörers unsicher fühlt, wird das Zuhören auch erschwert.

Wenn wir wollen, dass andere uns verstehen, dass uns andere zuhören, müssen wir auf folgende Punkte achten:

- Man sollte kurze überschaubare Sätze bilden.
- Man sollte vorher wissen, was man sagen will.
- Man sollte sich möglichst genau ausdrücken.
- Man sollte Informationen und Ideen übersichtlich und prägnant mitteilen.

Aus Sicht des Zuhörers

Ist man als Zuhörer abgelenkt und kann dem Sprecher keine ungeteilte Aufmerksamkeit schenken, fällt das Zuhören und Entschlüsseln von Nachrichten schwer. Gerade wenn unterschiedliche Meinungen diskutiert werden, kommt es häufig vor, dass der Zuhörer schon über seine Erwiderung nachdenkt, während der andere noch spricht. Manchmal neigt er dazu, auf Details zu hören und sich darüber aufzuregen, ohne den Gesamtzusammenhang zu beachten. Oder der Zuhörer denkt den Gedanken des Sprechers innerlich schon weiter und wiederholt am Ende viel mehr, als dieser tatsächlich gesagt hat. Es kann – wie oben in der Geschichte von Kishon beschrieben – geschehen, dass der Zuhörer schon eine bestimmte Erwiderung seines Gegenübers erwartet und deshalb nicht registriert, dass dieser etwas ganz anderes gesagt hat.

Wenn wir anderen zuhören wollen, müssen wir auf Folgendes achten:

- Man sollte sich konzentrieren auf das, was der andere sagt.
- Man sollte bis zum Schluss zuhören und den anderen ausreden lassen.
- Man sollte versuchen, Einzelheiten im Gesamtzusammenhang zu erfassen.
- Man sollte erst über die eigene Antwort nachdenken, wenn der Gesprächspartner ausgeredet hat.

Nichtsprachliche Kommunikationsmittel und Kontext

Die nichtsprachlichen Kommunikationsmittel können uns helfen, das, was mit Worten gesagt wurde, richtig zu verstehen. Mimik, Gestik, Tonfall usw. geben uns wichtige Anhaltspunkte, wie wir eine Nachricht verstehen sollen.

Beispiel: Ein Kind sagt: »Noch zwei Tage, dann schlafe ich bei der Oma!«

Allein aus dem Inhalt des Gesagten geht noch nicht hervor, welche Bedeutung es für das Kind hat, bei der Oma zu schlafen. Nur aus dem Tonfall, seiner Mimik und Gestik werden wir schließen können, ob sich das Kind auf den Besuch freut oder ob es vielleicht überhaupt nicht zur Oma will. In diesem Fall geben uns die nichtsprachlichen Kommunikationsmittel also sehr viel Aufschluss über die innere Befindlichkeit, die Gefühle und Empfindungen des Kindes.

Um eine Nachricht richtig zu entschlüsseln, ist es auch wichtig, den Kontext, in dem sie steht, in die Deutung der Nachricht mit einzubeziehen. An dieser Stelle soll nochmals das Beispiel von der Erzieherin aufgegriffen werden, die mit der Äußerung: »Das Telefon klingelt!« ihre Kollegin auffordert, ans Telefon zu gehen, da sie selbst im Augenblick verhindert ist. In einem anderen Zusammenhang kann ein solcher Satz als Bevormundung erlebt werden.

Bei Beratungsgesprächen helfen weitere Maßnahmen zu einer besseren Verständigung, etwa eine ruhige und angemessene Gesprächsatmosphäre und das Vermeiden von äußeren Störungen.

Zum Verständnis nachfragen

Es ist für den Zuhörer wichtig, sich bewusst zu machen, auf welche Seite einer Nachricht er besonders zu reagieren neigt, weil ihm dies dabei helfen kann, auch andere Möglichkeiten der Deutung mit einzubeziehen. Reagiert man zum Beispiel sehr stark auf die Beziehungsseite einer Nachricht, ist schnell gekränkt und fühlt sich beleidigt, kann man nun stärker auch auf die anderen Seiten der jeweiligen Nachricht achten und hat damit die Chance, herauszufinden, dass es vielleicht »überhaupt nicht so gemeint« war.

Beispiele

- »Du hast heute Morgen so ein ärgerliches Gesicht gemacht. Hast du dich über irgendetwas geärgert?«
- »Kannst du mir bitte sagen, wie du das genau meinst?«

Nachfragen ist das einfachste und direkteste Mittel, um eine Nachricht richtig zu entschlüsseln. Der Sender hat die Möglichkeit, etwas richtigzustellen, zu relativieren oder nochmals zu betonen. Nachfragen hilft in jedem Fall, Missverständnisse zu klären.

In den vorigen Kapiteln wurden einige grundlegende Vorgänge in der zwischenmenschlichen Kommunikation beschrieben. Die Inhalte der Kapitel waren nicht neu, jeder kennt sie aus seinem beruflichen und privaten Alltag. Es ist jedoch sehr wichtig, sich diese Vorgänge, die jeden Tag ablaufen und in der Regel wenig beachtet werden, bewusst zu machen. Das kann uns helfen, die Kommunikation untereinander besser zu verstehen und Missverständnisse rechtzeitig zu erkennen und aufzuklären.

4.3 Gespräche mit Eltern in Kita und Kindergarten

Das Elterngespräch ist ein wichtiger Teil der pädagogischen Arbeit in der Kita gerade mit Blick auf die Erziehungs- und Bildungspartnerschaft. Man kann unterscheiden zwischen Tür- und Angelgesprächen sowie einem vorab vereinbarten Gesprächstermin. Im ersten Fall muss die Erzieherin direkt, unvorbereitet und aus der Situation heraus reagieren. Im zweiten Fall kann sie die Umstände des Gesprächs (Raum, Zeit, usw.) vorbereiten und ihre Gesprächsziele in Ruhe und klar definieren.

Tür- und Angelgespräche

Oft geschieht es im Kindergartenalltag, dass Eltern die Bring- und Abholsituation nutzen, um bei der Erzieherin ein Problem anzusprechen. Das ist für sie unverfänglicher als einen Gesprächstermin auszumachen, da das Vereinbaren eines Termins dem Problem ein stärkeres Gewicht verleihen würde. Viele Eltern scheuen sich auch davor, weil sie nicht genau wissen, wie sich die Erzieherin zu ihrem Problem stellen und was sie dazu sagen wird. Gespräche mit Fachleuten über ihr Kind sind für sie oft eher mit Angst oder Unsicherheit besetzt und werden aus diesem Grund häufig vermieden. Gerade für Eltern, die immer das Beste für ihr Kind wollten und plötzlich merken, dass sich das Kind anders entwickelt, kann es ein schwerer Schritt sein, Hilfe bei anderen Menschen zu suchen.

Viele Faktoren beeinflussen die Gesprächssituation

Die Situation für die Erzieherin, die mit einem Problem zwischen Tür und Angel konfrontiert wird, ist schwierig und stellt häufig eine Überforderung dar. Denn außer den Eltern, die ihre Aufmerksamkeit beansprucht, sind da noch die Kinder und möglicherweise andere Eltern, die etwas von ihr wollen. Zusätzlich gerät die Erzieherin in vielen Fällen durch die Erwartung der Eltern, möglichst schnell einen Ratschlag zu bekommen, unter Druck.

Die Bedeutung der Tür- und Angelgespräche liegt häufig darin, dass ein erster Kontakt zwischen Erzieherin und Eltern entsteht. Es würde jedoch den Rahmen sprengen und die eigenen Möglichkeiten übersteigen, wollte man den Tür- und Angelgesprächen die Qualität eines Beratungsgespräches geben. Vor allen Dingen ist es wichtig, dass sich die Erzieherin der begrenzten Möglichkeiten eines Gespräches unter diesen Bedingungen bewusst ist und sich nicht unter Druck setzt, den Erwartungen der Eltern zu entsprechen und schnell einen Rat zu geben.

Unter diesen Umständen einen hilfreichen und sinnvollen Rat zu geben, ist von den Erfolgschancen her so gering einzuschätzen wie ein Volltreffer im Lotto. Denn die Eltern haben viel zu wenig über das Problem selbst, ihre Gedanken und Gefühle dazu mitgeteilt. Ein vorschnell gegebener Rat hat in der Regel eher die gegenteilige Wirkung: So sehr die Eltern sich auch im Moment einen Rat wünschen, würde ihnen ein unangemessener Rat eher das Gefühl vermitteln, abgefertigt worden zu sein oder nicht ernst genommen zu werden. Wie sich die Erzieherin als Gesprächspartnerin professionell verhält, hängt von der Einschätzung der Problematik sowie den personellen und organisatorischen Möglichkeiten der Kita bzw. des Kindergartens im Einzelfall ab. Manchmal kann es sinnvoll sein, sofort ein ruhiges Gespräch zu führen und eventuell eine Kollegin zu Hilfe zu holen, damit die Kinder versorgt sind. Manchmal ist es vielleicht angemessen, gleich einen Gesprächstermin auszumachen und zu signalisieren, lieber in Ruhe ein Gespräch führen zu wollen: »Ich kann Ihnen im Moment nicht so zuhören, wie ich es mir wünsche. Können wir einen Termin für ein Gespräch ausmachen?« In einigen Fällen kann es angebracht sein, lediglich Interesse und Gesprächsbereitschaft zu signalisieren und den Eltern die Möglichkeit eines weiterführenden Gespräches anzubieten, ohne schon einen konkreten Termin zu vereinbaren: »Wenn Sie wollen, können wir uns einmal in Ruhe darüber unterhalten.«

Situation zum Aufbau von Elternbeziehungen nutzen

Für die Eltern und Großeltern der Jüngsten – die oft einspringen, wenn es Engpässe im organisatorischen Ablauf der Familie gibt – haben die Tür- und Angelgespräche eine ganz wichtige Bedeutung. Sie sind sehr beruhigt, wenn sie viele Einzelheiten über das Kind erfahren können:

- Wie hat es gegessen?
- Hat es geschlafen?
- War es besonders müde?
- Hat es geweint, als die Mama weg war?

Wenn Erzieherinnen, die mit den Jüngsten arbeiten, sich Zeit einplanen, um auf Fragen dieser Art einzugehen, haben Eltern und Großeltern das gute Gefühl, dass das Kind gesehen wird und nicht im Trubel in der Gruppe untergeht. Die Bereitschaft der Erzieherinnen, sich Zeit für diese kurzen Informationen zu nehmen, trägt sehr zum Beziehungsaufbau zwischen Erzieherinnen und Eltern bei, sie können so ein grundlegendes Vertrauen zu den Erzieherinnen aufbauen.

Gesprächstermin

Bei einem Gesprächstermin suchen die Eltern ausdrücklich den Rat der Erzieherin, die Berufsprofession ist hier gefragt. Das Wissen um die grundlegenden Vorgänge der Kommunikation kann von der Erzieherin genutzt und bewusst eingesetzt werden.

Das folgende Gespräch wurde als Übungsgespräch entwickelt und dient dazu, modellhaft aufzuzeigen, welche Schwierigkeiten bei einem Gespräch entstehen können. Die Leserin hat die Möglichkeit, beim Lesen des Textes auf folgende Fragen zu achten:

1. In welcher Situation befinden sich Mutter und Erzieherin gefühlsmäßig?
2. Welche äußeren Bedingungen erschweren das Gespräch?
3. Welche Auswirkungen hat das Gespräch auf die Mutter?
4. Wo sind neben den schwierigen äußeren Bedingungen die Gründe für diesen Gesprächsverlauf zu suchen?

Die eigenen Ergebnisse können dann mit der Auswertung, die im Anschluss an das vorgestellte Gespräch erfolgt, verglichen werden.

Gespräch zwischen einer Erzieherin und einer Mutter

Die Leiterin sitzt im Büro und trifft die letzten Vorbereitungen für das bevorstehende Sommerfest. Es klopft. Frau S. kommt etwas zögernd herein:

Leiterin: Ach, guten Tag, ist es schon drei Uhr? Bitte entschuldigen Sie, aber wir stecken bis über beide Ohren in den Vorbereitungen für das bevorstehende Sommerfest.
Mutter: Soll ich lieber ein anderes Mal wiederkommen?
Leiterin: Nein, nein, der Termin war ja ausgemacht. Bitte nehmen Sie Platz *(räumt den Stuhl neben ihrem Schreibtisch frei)*. Was kann ich für Sie tun?
Mutter: Wissen Sie, es geht um Thomas. Er hat sich in der letzten Zeit so verändert, seit Oliver auf der Welt ist. Er ist so aggressiv und man muss Angst haben, ihn mit dem Baby allein zu lassen.
Leiterin: Das ist sicher nur so eine Phase, die er gerade durchmacht.
Mutter: Das sage ich mir ja auch die ganze Zeit, aber trotzdem mache ich mir Sorgen, dass er das Gefühl hat, zu kurz zu kommen.
Leiterin: Vielleicht müssten Sie sich tatsächlich mehr Zeit für ihn nehmen.
Mutter: Das tue ich doch, so oft ich nur kann, aber es nützt alles nichts. Mein Mann ist auch schon ärgerlich und sagt, man müsste strenger mit ihm sein. Ich wäre einfach zu nachgiebig.
Leiterin: Ich würde Ihnen ja gerne einen Rat geben, aber da ist guter Rat teuer. Im Kindergarten macht Thomas überhaupt keine Probleme. Ich denke, man sollte sein Verhalten zu Hause nicht dramatisieren.
Mutter: Ach, wissen Sie, ich wollte ja nur mal mit jemandem darüber sprechen.
Leiterin: Vielleicht wäre es sinnvoll, sich mal mit einer Erziehungsberatungsstelle in Verbindung zu setzen. Dort sind qualifizierte Psychologen, die für solche Fälle die nötigen Hilfen geben können.
Mutter: Was, zum Psychologen? Ist es so schlimm?
Leiterin: Es war ja nur ein Rat, es ist Ihre Entscheidung, ob Sie ihn annehmen oder nicht.
Mutter: Ja, vielen Dank, das überlege ich mir noch. Jetzt will ich Sie nicht weiter aufhalten.

1. In welcher Situation befinden sich Mutter und Erzieherin gefühlsmäßig?

Die Gefühle der Mutter können folgendermaßen beschrieben werden: Die Mutter ist unsicher, ängstlich, besorgt um ihren Sohn, ratlos, wie sie sich verhalten soll. Sie ist gestresst wegen der Einstellung ihres Mannes, sie wünscht sich Hilfe und Unterstützung.

Die Gefühle der Erzieherin lassen sich so zusammenfassen: Die Erzieherin steht unter Druck wegen des bevorstehenden Sommerfestes, sie meint, alles regeln zu müssen, sie möchte das Gespräch möglichst schnell und effektiv zu Ende bringen.

2. Welche äußeren Bedingungen erschweren das Gespräch?

Die Erzieherin hat im Grunde keine Zeit, sich mit der Mutter zu unterhalten. Der Hinweis auf den bereits verabredeten Termin soll diesen Eindruck verwischen, wirkt aber aufgrund der gesamten Situation unglaubwürdig. Die Erzieherin hat sich offensichtlich nicht auf das Gespräch vorbereitet, ist eher überrascht, dass die Mutter schon kommt. Das ganze Zimmer ist unaufgeräumt, nicht einmal eine Sitzgelegenheit ist für die Mutter vorgesehen.

3. Welche Auswirkungen hat das Gespräch auf die Mutter?

Die Mutter ist schon bei den ersten Worten der Erzieherin unsicher, ob sie überhaupt hereinkommen soll. Sie hat den Eindruck, ungelegen zu kommen und die Erzieherin zu stören. Im Verlauf des Gespräches fühlt sie sich von der Erzieherin allein gelassen und wird immer mehr verunsichert, da die Erzieherin ihr Problem entweder herunterspielt (»Das ist sicher nur so eine Phase, die er gerade durchmacht«) oder Ratschläge gibt, die nicht weiterhelfen, sondern von der Mutter eher als indirekter Vorwurf verstanden werden müssen (»Vielleicht müssten Sie sich tatsächlich mehr Zeit für ihn nehmen«). Nachdem die Erzieherin gemerkt hat, dass sie nicht weiterkommt und die Mutter eher noch mehr verstört ist, empfiehlt sie, eine Erziehungsberatungsstelle aufzusuchen. Über diese Idee ist die Mutter völlig entsetzt, da sie nun befürchtet, dass die Probleme mit ihrem Sohn noch wesentlich gravierender sind, als sie selbst angenommen hat.

4. Wo sind neben den schwierigen äußeren Bedingungen die Gründe für diesen Gesprächsverlauf zu suchen?

Die Mutter fühlt sich durch das Verhalten der Erzieherin völlig verunsichert. Wie wir bereits gesehen haben, beginnt die Verunsicherung der Mutter schon bei den ersten Worten der Erzieherin, weil sie nicht weiß, ob sie wieder gehen oder ob sie bleiben soll. Wenn man genauer hinschaut, übermittelt die Erzieherin der Mutter zu Beginn des Gespräches eine doppelte Botschaft: Einerseits gibt sie durch ihren erstaunten Blick auf die Uhr, den belagerten Stuhl und das unaufgeräumte Zimmer deutlich zu verstehen, dass sie sich gestört und in ihrer Beschäftigung unterbrochen fühlt. Andererseits verweist sie auf den vereinbarten Termin und sagt damit indirekt, dass sie die Mutter erwartet hat und nun unbedingt das Gespräch führen will. Da sie selbst nicht klar weiß, ob sie sich um die Vorbereitung des Sommerfestes kümmern oder sich mit der Mutter über Thomas unterhalten soll, ist ihre Kommunikation nicht eindeutig und trägt sehr viel zur Verunsicherung bei. Sie kann in diesem Augenblick nicht empathisch auf die Sorgen der Mutter eingehen. Die Mutter ist durch diese Doppelbotschaft in einer sehr verzwickten Lage, weil sie nicht weiß, auf welche Botschaft sie reagieren soll. Orientiert sie sich an dem Hinweis der Erzieherin auf den vereinbarten Termin und bleibt, hat sie das Gefühl, sich falsch zu verhalten, da sie die Erzieherin offensichtlich stört. Entscheidet sie sich aber, wieder zu gehen, weil sie das Gefühl hat, ungelegen zu kommen, hat sie ebenfalls den Eindruck, sich falsch zu verhalten, weil sie den verabredeten Termin nicht einhält.

Weitere Störungen der Kommunikation

Es sind aber noch weitere Gründe für den unbefriedigenden Gesprächsverlauf festzustellen: Die Erzieherin geht überhaupt nicht auf das ein, was die Mutter in diesem Gespräch über sich selbst zum Ausdruck bringt. Sie klammert die Selbstoffenbarungsseite aus, sie greift in keiner Weise die Ratlosigkeit und Besorgnis der Mutter um ihr Kind auf. Sie nimmt das Problem der Mutter lediglich auf der Sachseite wahr und reagiert zudem auf den vermeintlichen Appell der Mutter, ihr doch zu helfen und einen Rat zu geben. Das eigentliche Bedürfnis der Mutter, sich einmal auszusprechen und ihre Sorgen einem anderen Menschen anzuvertrauen, bleibt von der Erzieherin unberücksichtigt.

Das Gespräch endet für die Mutter in völliger Ratlosigkeit und Verwirrung. Grund dafür sind die Doppelbotschaften der Erzieherin zu Beginn des Gespräches, das Ausklammern der Selbstoffenbarungsseite und das Bedürfnis der Erzieherin, der Mutter mit einem Rat so schnell wie möglich zu helfen.

Ein weiterer Grund für das Misslingen des Gespräches ist darin zu sehen, dass die Erzieherin zunächst das Problem der Mutter bagatellisiert. Möglicherweise möchte sie die Mutter trösten, indem sie ihr sagt, ihr Sohn befinde sich nur in einer bestimmten Entwicklungsphase, das Problem werde sich deshalb von selbst erledigen. Zu diesem Zeitpunkt des Gespräches ist eine Verharmlosung des Problems aber nicht angebracht, weil die Mutter ihr Anliegen so wichtig findet, dass sie deshalb sogar einen Gesprächstermin ausgemacht hat. Die Mutter fühlt sich auch dadurch von der Erzieherin nicht ernst genommen.

Dem anfänglichen Herunterspielen steht dann der als bedrohlich empfundene Vorschlag, eine Erziehungsberatungsstelle aufzusuchen, gegenüber. Die Verharmlosung des Problems vonseiten der Erzieherin einerseits und andererseits der Vorschlag, eine Erziehungsberatungsstelle aufzusuchen, verwirrt die Mutter sehr, weil sie nun überhaupt nicht mehr einschätzen kann, wie bedeutsam ihr Anliegen für die Erzieherin wirklich ist.

Zusammenfassung

Viele Faktoren bestimmen das richtige Verstehen, sowohl Sender als auch Empfänger nehmen darauf Einfluss, wie Schulz von Thun in seinem Kommunikationsmodell zeigt. Ist man sich der möglichen Ursachen bewusst, die das Verstehen behindern können, kann man gezielt versuchen, Missverständnisse zu umgehen.

Nachrichten richtig zu entschlüsseln ist vor allem bei konstruktiven Beratungsgesprächen eine wichtige Voraussetzung, das Anliegen des Gesprächspartners muss möglichst genau decodiert werden. Es gilt hier, den Inhalt der gesendeten und der empfangenen Nachricht zusammenzubringen.

Dazu ist es notwendig, die äußeren Bedingungen passend zu gestalten: Die Gesprächsatmosphäre ist von entscheidender Bedeutung für den Gesprächsverlauf. Es bietet sich ein ruhiger, angemessener Rahmen an, sodass möglichst keine Störungen von außen das Gespräch unterbrechen können. Man vermittelt dem Ratsuchenden das Gefühl, mit seinem Anliegen wichtig genommen sowie als Person geschätzt und anerkannt zu werden.

Weiterhin gehört zu einem konstruktiven Gespräch, dass der Berater Zeit für den Ratsuchenden hat und bereit ist, ihm zuzuhören, ohne sich gleich unter Druck zu setzen, einen passenden Rat geben zu müssen.

Bei einem Beratungsgespräch steht immer die Selbstoffenbarungsseite der Nachricht des Ratsuchenden im Vordergrund. Der Berater muss auf diese Seite der Nachricht besonders eingehen, damit sich der Ratsuchende angenommen und verstanden fühlen kann.

Es ist notwendig, dem Ratsuchenden das Gefühl zu vermitteln, ernst genommen zu werden. Bagatellisierungen, Tröstungen und vorschnell erteilte Ratschläge haben häufig den Effekt, dass der Ratsuchende sich allein gelassen und missverstanden fühlt.

Das Verhalten des Beraters muss für den Ratsuchenden klar, eindeutig und berechenbar sein. Er muss wissen, woran er beim Berater ist. In unserem Beispiel ist die Erzieherin selbst verwirrt und zwischen ihren verschiedenen Verpflichtungen hin und her gerissen.

5. Sich auf das Gegenüber einlassen – Das aktive Zuhören

In diesem Kapitel erfahren Sie

- wie Sie Beratungsgespräche angemessen beginnen können
- wie Sie das aktive Zuhören bei Beratungsgesprächen einsetzen können
- welche Auswirkungen diese Technik auf den Ratsuchenden hat
- dass das aktive Zuhören nicht für alle Gesprächssituationen geeignet ist

5.1 Beratungsgespräche beginnen

Das aktive Zuhören ist schon mehrmals angesprochen worden. In diesem Kapitel soll anhand von Gesprächsbeispielen und Übungen intensiv auf das aktive Zuhören eingegangen werden, weil es von entscheidender Bedeutung für hilfreiche und weiterführende Gespräche ist.

Aktives Zuhören bedeutet, dass der Berater empathisch ist, sich ganz auf die Gefühle des Ratsuchenden konzentriert, sie heraushört und versprachlicht. Er spricht dabei die Selbstoffenbarungsseite der Nachricht, die der Ratsuchende sendet, an und versucht damit, ihn auf dieser Ebene wirklich zu verstehen.

Was beim aktiven Zuhören genau geschieht, soll anhand des folgenden Schaubildes dargestellt werden (vgl. Gordon: Familienkonferenz in der Praxis, S. 63; das Schaubild wurde von Gordon entwickelt, das Beispiel ist dem Kindergarten entnommen).

Beispiel: »Mein Mann hat seine Arbeitsstelle verloren.«

Wenn eine Mutter zur Erzieherin sagt: »Mein Mann hat seine Arbeitsstelle verloren.«, funktioniert das aktive Zuhören folgendermaßen:

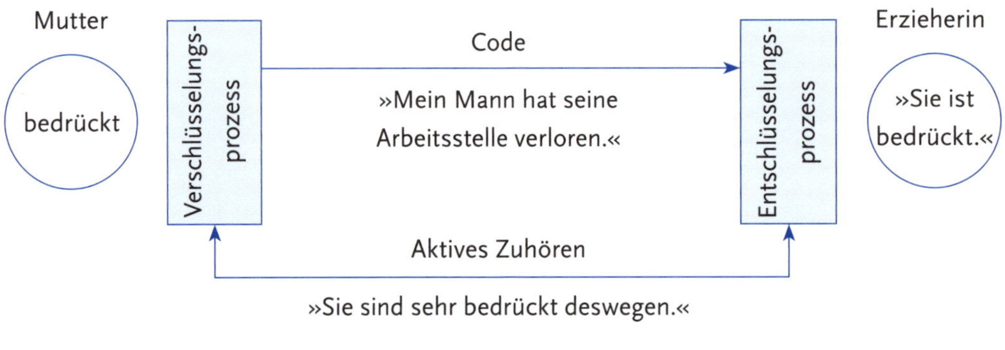

Die Erzieherin entschlüsselt in diesem Fall das Gefühl der Mutter und versprachlicht es in ihrer Antwort: »Sie sind sehr bedrückt deswegen.« Sie geht in ihrer Erwiderung also nicht auf den sachlichen Inhalt der Nachricht ein, sondern nur auf das Gefühl, das der Aussage zugrunde liegt. Die Mutter kann dies nun bestätigen: »Ja, ich fühle mich sehr bedrückt, ich weiß wirklich nicht, wie es weitergehen soll.«

Anhand der folgenden Situationen soll in verschiedenen Beispielen das aktive Zuhören verdeutlicht werden. Sie zeigen jeweils den Beginn eines Gespräches. Die Erzieherin versucht in allen Fällen, mithilfe des aktiven Zuhörens die Tür für ein weiterführendes Gespräch zu öffnen, um ihre Gesprächspartner zum Weitersprechen zu ermutigen. Aktives Zuhören eignet sich sehr gut als Einstieg in ein Gespräch, es ist ein sogenannter »Türöffner«.

Beispiele für aktives Zuhören in Kita und Kindergarten

Gespräch mit Eltern

- »Wir haben hier überhaupt keinen Bekanntenkreis. Die Leute wollen anscheinend unter sich bleiben.«
  Aktives Zuhören: »Sie fühlen sich hier sehr isoliert und allein.«
- »Mein älterer Sohn ist so verbohrt. Ich rede und rede, aber es hat alles keinen Zweck.«
  Aktives Zuhören: »Sie haben das Gefühl, bei ihm gegen eine Wand zu laufen.«
- »Markus ist schon zwei Jahre und vier Monate alt und ich finde, er sollte jetzt in den Kindergarten. Aber wissen Sie, er ist ein Einzelkind und war immer nur bei mir zu Hause. Ob er wohl in der Kita zurechtkommt?«
  Aktives Zuhören: »Sie machen sich Sorgen, dass Markus Sie vermissen könnte, wenn er im Kindergarten ist.«
- »Eigentlich weiß ich gar nicht, was Jan so im Kindergarten macht. Wenn ich ihn frage, sagt er jedes Mal: ›Nichts!‹«
  Aktives Zuhören: »Sie sind unsicher, was Jan im Kindergarten macht, und fragen sich, ob es wirklich ›nichts‹ ist. Sie möchten gerne mehr darüber erfahren.«
- »Manchmal möchte ich am liebsten davonlaufen! Der Haushalt, die Kinder, die Arbeit ...«
  Aktives Zuhören: »Sie haben im Augenblick alles so richtig satt.«

Gespräch mit Kindern

- *(Kind läuft schreiend zur Erzieherin)* »Der Hamid hat mir die Schippe auf den Kopf geschlagen.«
  Aktives Zuhören: »Das tut sehr weh. Jetzt bist du sehr wütend über Hamid!«
- »Das ist mein Portfolio, da sind viele Bilder von mir drin, als ich noch klein war!«
  Aktives Zuhören: »Da bist du richtig stolz drauf!«

- »Der Jens hat meinem Stuppi *(Stofftier)* ein Auge abgerissen!«
  Aktives Zuhören: »Du bist sehr wütend auf Jens und traurig, weil Stuppi nur noch ein Auge hat.«

Gespräch im Team bzw. mit einer Praktikantin

- »Mit Frau S. müsste ich mal wegen Emma sprechen. Emma hat einen Sprachfehler und sollte meiner Meinung nach in logopädische Behandlung. Frau S. ist aber so überzeugt von ihrer Tochter und stellt sie immer als Genie hin.«
  Aktives Zuhören: »Du scheust dich davor, mit Frau S. zu sprechen, weil du befürchtest, dass sie deine Beobachtungen nicht ernst nimmt.«
- »Ich habe den Eindruck, dass ich nichts von dem, was ich gelernt habe, in die Praxis umsetzen kann.«
  Aktives Zuhören: »Sie sind enttäuscht, weil Sie sich mehr praktische Hilfe von der Ausbildung erwartet hätten.«

Berater müssen Verstand und Gefühl berücksichtigen

Viele Menschen haben gelernt, ihre Probleme mit dem Kopf zu lösen, und beziehen ihre Gefühle nur in untergeordneter Weise in den Problemlösungsprozess mit ein. Für einen Berater ist es jedoch wichtig zu wissen, dass Gefühl und Verstand zusammengehören, das heißt, dass wir zwar unseren Kopf und unsere intellektuellen Fähigkeiten brauchen, dass wir aber ohne die Einbeziehung unserer Gefühle und unseres inneren Erlebens selbst nicht zu einer angemessenen Problemlösung kommen können. Ebenso können wir auch anderen nicht zu einer Problemlösung verhelfen, wenn wir deren Gefühle und Empfindungen ausklammern.

Für die Entwicklung der Kinder zu empathischen und sozial verantwortungsbewussten Menschen ist es von großer Bedeutung, dass sie lernen, ihre eigenen Gefühle und später auch die Gefühle der anderen Menschen wahrzunehmen und zum Ausdruck zu bringen. Erzieherinnen können ihnen durch die Verwendung des aktiven Zuhörens und einer wertschätzenden Haltung Zugang zu ihren Gefühlen ermöglichen. Zugleich helfen sie damit, Sensibilität für die Gefühle der anderen zu entwickeln. Diese Kinder sind später eher in der Lage, sich verbal mit anderen auseinanderzusetzen und brauchen nicht auf gewaltsame Mittel zurückzugreifen.

Aktives Zuhören öffnet die Tür für ein weiteres Gespräch, es lädt Kinder und Erwachsene ein, mehr über sich und ihre Gefühle mitzuteilen.

Weitere Gesprächsöffner

Neben dem aktiven Zuhören gibt es auch noch andere Möglichkeiten, den Gesprächspartner zum Weiterreden zu ermutigen und ihm zu signalisieren, dass wir bereit sind, ihm zuzuhören und auf ihn einzugehen.

Die einfachsten Türöffner für ein weiterführendes Gespräch sind Zuhörersignale wie »Aha«, »Oh«, »Tatsächlich«, »Wirklich« usw. oder einfache Sätze wie »Möchtest du darüber sprechen?«, »Schieß los, ich höre!«, »Dein Standpunkt interessiert mich!« usw. (vgl. Gordon: Familienkonferenz, S. 59).

1. Beispiel: Erzieherin zur Kollegin

Eine Erzieherin sagt zu ihrer Kollegin: »Gestern hatte ich mit meinem Mann Streit, es war wirklich ziemlich schlimm.« Die Kollegin erwidert: »Möchtest du darüber sprechen?«

2. Beispiel: Kind zur Erzieherin

Ein Kind berichtet der Erzieherin: »Gestern waren wir im Zirkus!« Erzieherin: »Wirklich?!«

Eine verbindlichere Form, die Tür für ein Gespräch zu öffnen, ist das Paraphrasieren. Beim Paraphrasieren wiederholt man inhaltlich, was der andere gesagt hat, ohne die Aussage zu bewerten. Dem Ratsuchenden wird also der Inhalt seiner Aussage, ähnlich wie beim kontrollierten Dialog, gespiegelt.

Paraphrasieren und aktiv Zuhören unterscheiden sich darin, dass beim aktiven Zuhören die hinter einer Aussage liegenden Gefühle versprachlicht werden, während beim Paraphrasieren nur inhaltlich wiedergegeben wird, was der andere gesagt hat.

Zuhörersignale, einfache Sätze (wie sie oben beschrieben sind), Paraphrasieren und aktives Zuhören ermutigen die andere Person zum Weitersprechen. Das aktive Zuhören ist in seiner Wirkung am intensivsten. Türöffner geben dem anderen das Gefühl, dass das, was er zu sagen hat, wichtig ist und ernst genommen wird.

Voraussetzungen für das aktive Zuhören

Einfühlungsvermögen ist die wichtigste Voraussetzung, die wir mitbringen müssen, wenn wir mit einem anderen Menschen ein hilfreiches Gespräch führen wollen. Wir müssen uns in die Gefühlswelt eines anderen hineinversetzen können, empathisch sein und verstehen wollen, wie er empfindet, und was wirklich in ihm vorgeht.

Echtes Interesse am Gegenüber aufbringen

Aktives Zuhören ist Ausdruck einer respektvollen, akzeptierenden Haltung einem anderen Menschen gegenüber. In diesem Sinne ist aktives Zuhören auch viel mehr als nur eine Methode, um möglichst effektiv ein Gespräch zu führen.

Aktives Zuhören darf niemals missbraucht werden, um einen anderen Menschen auszuhorchen und ihn später vielleicht sogar bloßzustellen. Die Anwendung von aktivem Zuhören erfordert ein hohes Maß an Ehrlichkeit und Aufrichtigkeit. Wir müssen wirkliches Interesse an dem Ratsuchenden haben und ihm ein Stück weiterhelfen wollen, indem wir zuhören, aber mit eigenen Lösungen und Ratschlägen zurückhaltend sind. Wir müssen es aushalten können, dass der Ratsuchende sein Problem auf seine Art und in seinem Tempo löst und möglicherweise auch ganz anders, als wir selbst das

Problem lösen würden. Der Berater kann trennen zwischen seiner eigenen und der Person des Ratsuchenden.

Zurückhaltung bei Ratschlägen

»Es ist hilfreich, wenn wir uns bewusstmachen, dass wir durch unser nicht wertendes Hören den anderen befähigen, sich selbst mehr zu verstehen und seine seelische Erlebniswelt zu ändern. Es nützt zumeist nichts, wenn wir uns seine Schwierigkeiten zu eigen machen und uns verantwortlich für ihn fühlen. Es ist wichtig, dass wir akzeptieren, dass er der Mittelpunkt seines Erlebens ist und dass nur er sein Erleben ändern und klären kann.« (Tausch/Tausch: Wege zu uns und anderen, S. 209)

Es ist notwendig, vorsichtig mit Ratschlägen umzugehen und sich klarzumachen, dass das, was für den einen richtig ist, für einen anderen Menschen nicht auch richtig zu sein braucht. Zu dieser Erkenntnis passt die folgende persische Erzählung:

Ein persisches Gleichnis

Ein Schuster kommt zum Arzt und sagt, dass er bald sterben werde. Als der Arzt ihn untersucht hat, bestätigt er dies und fragt seinen Patienten, ob er noch irgendetwas für ihn tun könne. Der Schuster wünscht sich Bohnen mit Essigsoße. Der Arzt kocht ihm das Gericht und der Patient wird wieder gesund. Nach ein paar Wochen kommt ein Schneider. Auch er sagt, dass er bald sterben werde. Der Arzt bestätigt ihm seine Befürchtung und erzählt ihm von dem Schuster, der kurz vor seinem Tod noch einmal Bohnen mit Essigsoße gegessen hatte und gesund geworden sei. Er könne dies ja auch einmal probieren. Der Schneider isst nun ebenfalls Bohnen mit Essigsoße. Er aber stirbt. Der Arzt vermerkt nun in seinem Buch: »Was für einen Schuster richtig ist, ist für einen Schneider noch lange nicht richtig.«

Weiterhin ist es wichtig, auch Gefühle zulassen zu können, die gesellschaftlich weniger akzeptiert sind. Alle Gefühle sind erlaubt. Nur dadurch wird es möglich, mit ihnen umzugehen.

Die eigenen Wertvorstellungen und Haltungen sollten nicht zum Maßstab für den Ratsuchenden gemacht werden. Hält zum Beispiel eine Erzieherin es grundsätzlich für nicht akzeptabel, wenn eine Mutter arbeitet und die Kinder von einer Kinderfrau versorgen lässt, kann sie nicht erwarten, dass die Mutter ihre Einstellung teilt.

In der Beraterrolle vertrauen wir darauf, dass der andere in der Lage ist, sein Problem selbst zu lösen. Die Aufgabe besteht darin, den Ratsuchenden zu begleiten, indem wir ihm durch aktives Zuhören helfen, sich zu öffnen, das Problem zu durchdenken und die eigenen Gefühle dazu kennenzulernen.

5.2 Auswirkungen auf den Gesprächsverlauf

Die innere Haltung und das Bewusstwerden der eigenen Rolle im Gespräch sind also die Voraussetzungen für eine konstruktive Beratung. Wie sehr der Beginn eines Gesprächs den weiteren Verlauf bestimmen kann, wollen wir modellhaft anhand der Situation aus Kapitel 4.3 darstellen, in der eine Mutter zu einem Gesprächstermin kommt, um mit der Erzieherin über ihren Sohn zu sprechen. Die Auswertung zeigte, warum dieses Gespräch für die Mutter nicht weiterführend und hilfreich war. Die beschriebene Situation soll nun nochmals aufgegriffen werden, mit dem Unterschied, dass die äußeren Umstände günstiger sind und die Erzieherin aktives Zuhören anwendet.

Gesprächstermin einer Erzieherin mit einer Mutter

Es klopft. Frau S. kommt etwas zögernd herein. Die Erzieherin steht auf und bietet der Mutter einen Platz an.

Erzieherin: Ich habe einen Kaffee gekocht. Haben Sie auch Lust, eine Tasse zu trinken?
Mutter: Nein danke, im Augenblick lieber nicht.
(Erzieherin nimmt ebenfalls Platz.)
Erzieherin: Sie wollten gerne einmal in Ruhe mit mir sprechen und haben gestern ja schon angedeutet, dass es um Thomas geht.
Mutter: Thomas hat sich so verändert, seit Oliver auf der Welt ist. Er ist so aggressiv und man muss Angst haben, ihn mit dem Baby allein zu lassen.
Erzieherin: Sie sind im Augenblick ratlos, was mit Thomas los ist. *(Aktives Zuhören)*
Mutter: Ja, ich denke, dass er sich wegen seines kleinen Bruders zurückgesetzt fühlt und deshalb so aggressiv ist.
Erzieherin: Sie meinen, dass Thomas sich zurückgesetzt fühlt und deshalb so aggressiv ist. *(Paraphrasieren)*
Mutter: Ja genau. Ich kümmere mich schon so oft es nur geht um ihn, aber das Baby fordert auch seine Rechte.
Erzieherin: Das klingt so, als würden Sie sich zwischen beiden Kindern hin und her gerissen fühlen. *(Aktives Zuhören)*
Mutter: Ja genau. Ich habe das Gefühl, beide zerren an mir. Das Baby schläft nachts auch noch nicht durch. Ich muss jede Nacht mehrmals aufstehen.
Erzieherin: Sie sind sehr erschöpft und haben manchmal das Gefühl, am Ende Ihrer Kraft zu sein. *(Aktives Zuhören)*
Mutter: Ja, und wenn mein Mann merkt, wie schlecht es mir manchmal geht, schimpft er und sagt, ich müsse strenger mit Thomas sein. Dann gibt es auch noch Streit mit meinem Mann, weil ich denke, dass mit Strenge nichts getan ist.

Erzieherin: Manchmal gibt es auch Streit mit Ihrem Mann, weil Sie unterschiedlicher Meinung sind. *(Paraphrasieren)*

Mutter: Ich frage mich manchmal, ob es nur in unserer Familie so schlimm ist. Es kommt mir so vor, als würde ich im Moment alles falsch machen.

Erzieherin: Sie sind im Moment sehr erschöpft. Ich weiß von anderen Familien, dass es dort ähnliche Probleme gibt. Die Geburt eines Kindes bedeutet immer eine große Umstellung und es dauert seine Zeit, bis in der Familie wieder ein neues Gleichgewicht hergestellt ist. *(Aktives Zuhören und Sachinformation)*

Mutter: Wie verhält Thomas sich denn im Kindergarten?

Erzieherin: Im Kindergarten konnten wir keine Veränderungen in seinem Verhalten feststellen. Er ist fröhlich und aufgeschlossen wie immer. *(Sachinformation)*

Mutter: Das ist jetzt eine große Beruhigung für mich. Ich hatte schon Angst, er könnte auch im Kindergarten auffällig werden.

Erzieherin: Nein, da kann ich Sie voll und ganz beruhigen.

Mutter: Und Sie meinen wirklich, dass unsere familiäre Situation im Augenblick nichts Außergewöhnliches ist?

Erzieherin: Die Situation ist im Augenblick sehr kräftezehrend und anstrengend für Sie, aber es ist mit Sicherheit so, dass viele Frauen in Ihrer Lage so empfinden und sich Sorgen um die älteren Kinder machen. Wie gesagt, es braucht Zeit, bis die Familie sich an die neue Situation gewöhnt hat. *(Sachinformation)*

Mutter: Es hat gut getan, mal mit Ihnen darüber zu reden. Wenn man immer allein darüber nachdenkt, kommen einem die Probleme manchmal vielleicht größer vor, als sie in Wirklichkeit sind.

Erzieherin: Ich freue mich, dass Ihnen unser Gespräch gut getan hat. Wenn Sie wollen, können wir jederzeit noch einen Termin ausmachen.

Mutter: Vielen Dank, es geht mir jetzt schon viel besser.

Auswertung des Gespräches

Im Unterschied zu der ersten Version des Gespräches ist die Mutter am Ende sehr erleichtert und geht zufrieden weg. Die Erzieherin hat in diesem Gespräch häufig aktives Zuhören angewendet, empathisch reagiert und die Gefühle der Mutter versprachlicht. Zu dem vorgetragenen Problem selbst äußert sie sich zunächst nicht, sondern gibt der Mutter durch aktives Zuhören die Möglichkeit, ihre Schwierigkeiten zu beleuchten und auszusprechen.

Die Mutter nimmt dieses Angebot gerne wahr und berichtet von ihren Sorgen, ihrem Gefühl der Überforderung, ihren Selbstzweifeln und den Schwierigkeiten mit ihrem Mann. Das Aussprechen erleichtert sie, sie redet sich ihren Kummer »von der Seele«. Während des Gespräches stellt sich dadurch heraus, dass das veränderte Verhalten von Thomas zu Hause nur einen Teil ihres Problems darstellt. Dazu kommt, dass sie Zweifel an ihren Fähigkeiten als Mutter hegt und Angst hat, dass Thomas auch noch im Kindergarten auffällig werden könnte. Hätte die Erzieherin gleich einen Rat zu dem am Anfang vorgetragenen Problem gegeben, wären diese anderen Aspekte wahrscheinlich nicht mehr zur Sprache gekommen.

Am Ende des Gespräches geht die Erzieherin sachlich auf die Frage der Mutter ein, ob es in anderen Familien auch so schlimm sei. Die Antwort der Erzieherin hat im Kontext dieses Gespräches nicht den Charakter einer Vertröstung und oberflächlichen Beruhigung der Mutter – im Unterschied zur ersten Version, in der die Erzieherin die Veränderung von Thomas nur als »Phase« bezeichnet hatte, ohne Näheres über die Gesamtsituation erfahren zu haben. Während sich die Mutter im ersten Beispiel »abgewimmelt« fühlt, trägt die Äußerung der Erzieherin im zweiten Beispiel dazu bei, dass die Mutter ihr Bild von sich selbst und ihre Probleme in der Familie relativieren und unter einem anderen Blickwinkel sehen kann. Sie merkt nun selbst durch das Gespräch, dass sie möglicherweise ihre Probleme gravierender erlebt hat, als sie in Wirklichkeit sind.

Ratsuchender soll den eigenen Weg finden

Es ist wichtig, dass sie zu dieser Erkenntnis selbst gekommen ist und nicht den Eindruck hat, dass ihr von außen etwas »übergestülpt« wird, mit dem sie sich doch nicht identifizieren kann. Durch das aktive Zuhören der Erzieherin ist es der Mutter gelungen, ihre Probleme in einem anderen Licht zu sehen und zu neuen Bewertungen zu kommen. Sie fühlt sich von der Erzieherin verstanden und akzeptiert und geht erleichtert weg. Die Erzieherin hat in diesem Gespräch die Mutter ein Stück weit auf dem Weg ihrer eigenen Problemlösung begleitet und sich dabei ganz auf sie eingestellt. Sie hat der Mutter die Führung überlassen und ihr damit die Möglichkeit eröffnet, ihren eigenen Weg zu finden. Zwischen Erzieherin und Mutter ist eine herzliche und vertrauensvolle Beziehung in dem Gespräch entstanden.

5.3 Erfahrungen mit dem aktiven Zuhören

Wenn wir in den Kursen aktives Zuhören im Rollenspiel einüben, wird immer wieder deutlich, dass sich die Teilnehmerinnen in der Rolle des Ratsuchenden sehr wohl fühlen und zur Ruhe kommen.

Unterschiedliche Wahrnehmung des Beraters und des Ratsuchenden

Die Teilnehmerinnen in der Beraterrolle fühlen sich besonders am Anfang sehr unbehaglich. Manche sagen, sie fühlen sich wie auf heißen Kohlen und haben den Eindruck, ständig auf der Stelle zu treten. Phasenweise sieht es so aus, als würde das Gespräch nicht vorangehen. Den meisten fällt es am Anfang schwer, nicht gleich mit Lösungsvorschlägen zu reagieren.

Die Teilnehmerinnen in der Rolle des Ratsuchenden empfinden das nicht so. Sie geben als Rückmeldung, wie sehr sie sich durch das aktive Zuhören verstanden gefühlt haben und wie hilfreich es war, Zeit zu haben, um selbst über ihr Problem nachzudenken. Gleichzeitig wird die ruhige Gesprächsatmosphäre als angenehm empfunden.

Auch eine Schwierigkeit, die Erzieherinnen in den Kursen immer wieder äußern, ist die Scheu, die Gefühle eines anderen so direkt anzusprechen. Man will dem anderen nicht zu nahe treten und indiskret sein. Viele von uns haben es nicht gelernt, über Gefühle zu reden. Deshalb ist diese Form des Gespräches zunächst sehr ungewohnt und es besteht verständlicherweise anfangs eine Abwehr dagegen, andere auf ihre Gefühle anzusprechen. Die Teilnehmerinnen in der Rolle der Ratsuchenden empfinden aktives Zuhören jedoch selten als distanzlos, sondern eher als hilfreich und weiterführend.

Es kann jedoch auch vorkommen, dass der andere nicht direkt auf seine Gefühle angesprochen werden will, weil er noch nicht genug Vertrauen gefasst hat. In diesem Fall kann es sinnvoll sein, auf das Paraphrasieren zurückzugreifen und den Ratsuchenden auf diese Weise zum Weitersprechen zu ermutigen.

Ungewohnte Form der Gesprächsführung

Erzieherinnen, die in unseren Kursen aktives Zuhören zum ersten Mal kennenlernen, sagen oft, dass ihnen diese Form zu sprechen aufgesetzt vorkommt: »So redet man normalerweise nicht!«

Aktives Zuhören ist zunächst eine sehr ungewohnte Art, auf einen anderen Menschen einzugehen, und es ist sicher auch nicht angebracht, in jeder Situation und dauernd diese Technik anzuwenden. Am Anfang reicht es, einfach verstärkt auf die Gefühle der Gesprächspartner zu achten, sich einfühlsam zu verhalten, nur hin und wieder aktives Zuhören anzuwenden. In der Regel merken die anderen nur, dass sie sich im Gespräch wohlfühlen, können aber nicht so genau sagen, was die Veränderung bewirkt hat. Im Laufe der Zeit wird diese Art zu sprechen normaler und gewohnter, die anfänglichen Hemmungen verlieren sich.

Eine weitere Anfangsschwierigkeit besteht darin, dass den Teilnehmerinnen in der Rolle des Beraters nicht gleich das passende Gefühl einfällt, das die Selbstoffenbarungsseite der Nachricht des anderen richtig spiegelt. Dies ist darauf zurückzuführen, dass im Allgemeinen wenig über Gefühle gesprochen wird und deshalb das Benennen schwer fällt. Es ist jedoch auch eine Frage der Übung und wird von Mal zu Mal einfacher.

Pausen zulassen und aushalten

Manchmal können in Gesprächen Pausen entstehen, weil wir in der Rolle des Beraters im Augenblick nicht mehr weiter wissen. Die Teilnehmerinnen fühlen sich dabei sehr unbehaglich und unter dem Druck, möglichst bald wieder etwas zu sagen.

Pausen in Gesprächen entstehen nicht nur im Rollenspiel, sondern auch in realen Gesprächssituationen. Für den »Anfänger« ist es fast immer sehr schwer, Pausen auszuhalten. Viele überlegen fieberhaft, wie die entstandene »Lücke« zu füllen ist. Andere sagen aus Unsicherheit irgendetwas, um die Stille zu durchbrechen. In Wirklichkeit ist es aber so, dass Pausen keineswegs belastend sein müssen, sondern konstruktiv zum Nachdenken genutzt werden können.

Es ist hilfreich, die Pause zu kommentieren: »Im Augenblick muss ich darüber nachdenken, was Sie gerade gesagt haben.« Wir gewinnen dadurch Zeit und der Ratsuchende fühlt sich ernst genommen und wird eine Pause zum Nachdenken gerne akzeptieren. Auch er hat ja nun die Gelegenheit, weiter nachzudenken. Dies entlastet wiederum uns, weil wir uns nun nicht mehr unter Zugzwang fühlen müssen. Ein Weiterreden aus Unsicherheit ist nicht förderlich und blockiert unter Umständen die weitere Kommunikation.

Unterschiede zwischen Gesprächstherapie und Beratungsgespräch in der Kita

»Muss man denn in einem Beratungsgespräch immer nur aktives Zuhören anwenden und ist es falsch, einen Rat zu geben?« Diese Frage wird häufig von den Erzieherinnen in unseren Kursen gestellt.

Die Teilnehmerinnen in der Beraterrolle finden es oft schwierig, sich mit Ratschlägen zurückzuhalten. Viele Erzieherinnen fühlen sich unter starkem Druck, der Erwartung des Gesprächspartners nach einem hilfreichen Rat zu entsprechen. Im Rollenspiel stellt sich aber immer wieder heraus, dass die Ratsuchenden keinen Rat vermissen, sondern in vielen Fällen selbst zu einer Lösung kommen.

Das entspricht auch dem Ansatz der Gesprächspsychotherapie, in der der Therapeut nur die Gefühle des Klienten versprachlicht. Im Unterschied dazu werden im Kindergarten keine therapeutischen Gespräche geführt. Erzieherinnen sind keine Therapeutinnen, auch wenn die Erwartungen der Eltern manchmal über das hinausgehen, was von einer Erzieherin geleistet werden kann. Aus diesem Grund ist es im Kindergarten sinnvoll, mit denjenigen, die Rat suchen, auch ganz konkrete Möglichkeiten der Problemlösung zu besprechen. Dabei können Ratschläge sehr hilfreich sein, wenn vorher genügend Raum und Zeit war, das Problem ausführlich zu besprechen. Aktives Zuhören ist dafür ein unverzichtbares Hilfsmittel und manchmal reicht es auch schon, ein oder zwei Mal das aktive Zuhören anzuwenden.

Die Grenzen der Beratungstätigkeit im Kindergarten sollten immer klar sein: Wenn sich herausstellt, dass ein Problem nicht mit den Mitteln, die den Erzieherinnen zur Verfügung stehen, zu lösen ist, dann muss unbedingt an andere Stellen verwiesen werden oder von dort Hilfe hinzugezogen werden.

Aktives Zuhören verlangt vom Berater viel Geduld und ein großes Vertrauen in die eigenen Kräfte des Ratsuchenden. Der Berater ist der Begleiter auf dem Weg der Problemlösung, nicht aber der Problemlöser selbst.

5.4 Beispiele für aktives Zuhören in Kita und Kindergarten

Es sollen nun zwei Gespräche dargestellt werden, um die Anwendungsmöglichkeiten von aktivem Zuhören und seine Wirkung im Gespräch zu verdeutlichen.

1. Gesprächsbeispiel über die Einschulung eines »Kann-Kindes«

Die dem ersten Gespräch zugrunde liegende Situation wurde von einer Erzieherin im Kurs eingebracht und in der Kleingruppe besprochen. Anschließend wurde im Rollenspiel das folgende Gespräch entwickelt.

Die Mutter hat um einen Gesprächstermin gebeten und dabei angedeutet, dass es um die Einschulung ihrer Tochter geht. Anna ist ein »Kann-Kind«.

Mutter: Ja, ich wollte heute mal mit Ihnen darüber sprechen, ob Anna in die Schule gehen soll oder nicht.

Erzieherin: Sie machen sich Gedanken, ob jetzt der richtige Zeitpunkt für die Einschulung gekommen ist. *(Aktives Zuhören)*

Mutter: Ja. Anna ist so groß für ihr Alter. Andererseits ist sie aber noch so verspielt. Überall, wo sie hinkommt, fällt sie wegen ihrer Größe auf.

Erzieherin: Die körperliche Größe von Anna macht Ihnen Sorgen, weil Sie den Eindruck haben, dass Anna überall auffällt. *(Aktives Zuhören)*

Mutter: Ja, im Verwandten- und Bekanntenkreis heißt es immer: »Die ist aber groß. Die wird mal ein langes Laster!«

Erzieherin: Sie leiden darunter, dass die Leute so über Anna reden. *(Aktives Zuhören)*

Mutter: Ja, mir ist es früher auch so gegangen, ich habe mich *(leise)* immer deswegen geschämt und deshalb versucht, mich kleiner zu machen, indem ich den Rücken nach vorne gebeugt habe.

Erzieherin: Wenn Sie Anna heute erleben, fühlen Sie Ihren eigenen Kummer, den Sie als Kind hatten. *(Aktives Zuhören)*

Mutter: Ja, so ist es. Ich möchte Anna so gerne beschützen, aber es geht nicht. Die Leute sind so gedankenlos.

Erzieherin: Sie sind traurig, weil Sie Anna vor dem Gerede der Leute nicht schützen können. *(Aktives Zuhören)*

Mutter: Ja, genau. Und wenn ich jetzt an die Schule denke und mir vorstelle, dass Anna, wenn sie erst im nächsten Jahr zur Schule geht, noch ein Stück größer ist als die anderen Erstklässler, dann wird mir angst und bang.

Erzieherin: Der Schulbesuch von Anna macht Ihnen richtig Angst. *(Aktives Zuhören)*

Mutter: Ja, ich bin in der Schule von den Mitschülern auch immer gehänselt worden. Die Lehrer haben mich immer ganz nach hinten gesetzt, weil keiner über mich drüberschauen konnte.

Erzieherin: Das hat Ihnen sehr weh getan. *(Aktives Zuhören)*

Mutter: Ja, es war für mich sehr schlimm und ich möchte alles tun, um Anna vor solchen Situationen zu bewahren.

Erzieherin: Sie befürchten, dass Anna genauso empfindet, wie Sie selbst als Kind empfunden haben. *(Aktives Zuhören)*

Mutter: Ja, ich denke schon.

Erzieherin: Haben Sie schon einmal mit Anna darüber gesprochen? *(Sachfrage)*

Mutter: Nein, noch nicht. Ich hatte bisher Angst, das Thema anzusprechen. Ich versuche immer, Anna abzulenken, wenn die Leute über sie reden. Aber das ist vielleicht ein Fehler. Meine Eltern haben auch nie mit mir darüber gesprochen, sie haben mich sogar selbst als langes Laster bezeichnet.

Erzieherin: Das klingt so, als hätten Sie sich als Kind mit Ihrem Problem ziemlich allein gelassen gefühlt. *(Aktives Zuhören)*

Mutter: Das stimmt, mit meinen Eltern konnte ich nicht darüber reden.

Erzieherin: Es war für Sie als Kind sehr schmerzlich, weil Sie alles mit sich allein abmachen mussten und von den Eltern wenig Unterstützung erfahren haben. *(Aktives Zuhören)*

Mutter: Ich denke, es wird gut sein, einmal mit Anna darüber zu sprechen, statt wie die Katze um den heißen Brei herumzuschleichen.

Erzieherin: Sie sind jetzt auf einen Gedanken gekommen, der mir sehr wichtig zu sein scheint. Vielleicht ist es ja auch so, dass Anna das Problem überhaupt nicht so erlebt, wie Sie es als Kind erlebt haben. Anna ist ein eigener Mensch und hat die Kraft, sich mit ihren Problemen auseinanderzusetzen.

Mutter: Gut, ich werde bei passender Gelegenheit mit Anna reden.

Erzieherin: Ich würde mich freuen, wenn Sie mir berichten würden, wie das Gespräch verlaufen ist. Vielleicht können wir sie vom Kindergarten her dann auch unterstützen. Wenn es Ihnen recht ist, können wir später noch mal darüber sprechen, wann Anna eingeschult werden soll. Es ist ja noch genügend Zeit, um eine Entscheidung zu treffen.

Mutter: Ja gut, ich halte Sie auf dem Laufenden. Ich bin froh, dass ich mit Ihnen geredet habe.

Auswertung des Gespräches

Die Mutter kommt zu dem Gesprächstermin ursprünglich in der Absicht, über die Einschulung von Anna zu sprechen, und es hat den Anschein, als wünschte sie sich dazu einen Rat von der Erzieherin. Ziemlich rasch stellt sich jedoch heraus, dass die Frage der Einschulung nicht das Problem der Mutter ist. Durch das aktive Zuhören gibt die Erzieherin der Mutter die Möglichkeit, über ihre eigenen Erinnerungen und ihren eigenen Kummer als Kind zu sprechen. Dies hilft ihr, zu dem Entschluss zu kommen, sich selbst als Mutter anders zu verhalten, als sie es bei ihren eigenen Eltern erlebt hat. Sie entscheidet sich, mit ihrer Tochter zu reden und sie nicht mehr nur abzulenken.

Viele Eltern erleben ihre Kindheit wieder, wenn sie bei ihren eigenen Kindern Parallelen zu sich selbst als Kind sehen. Manchmal können sie dann nicht mehr trennen zwischen ihrem eigenen Erleben als Kind und dem tatsächlichen Erleben ihrer Kinder. Sie verschmelzen gleichsam mit den Kindern. Dies kann sehr problematisch sein, weil Eltern auf diese Weise Gefahr laufen, ihren Kindern die Probleme erst zu schaffen, obwohl die Kinder die Probleme möglicherweise überhaupt nicht haben oder besser damit umgehen können, weil die Bedingungen anders sind als in der Kindheit der Eltern.

In unserem Beispiel ist es der Erzieherin durch aktives Zuhören gelungen, die Mutter in ihrer Wahrnehmung des Problems zu begleiten. Sie sieht, dass Anna unter Umständen ganz anders empfindet, als sie selbst als Kind empfunden hat. Außerdem ist die Mutter auf den Gedanken gekommen, ihre Tochter zu unterstützen, falls diese das Problem tatsächlich hat. Sie will mit ihr darüber reden, zu ihr stehen und ihr durch die Schwierigkeiten hindurchhelfen. Es ist für sie beruhigend zu wissen, dass Anna nicht so alleine dasteht, wie sie selbst als Kind.

2. Gesprächsbeispiel zwischen Kind und Erzieherin

Das folgende kurze Gespräch entwickelte sich zwischen der dreieinhalbjährigen Sabrina, die erst seit kurzer Zeit die Kita besucht und der Erzieherin:

Sabrina: Wann kommt denn meine Mama?
Erzieherin: *(begibt sich auf Augenhöhe zum Kind)* Du bist traurig, weil die Mama noch nicht da ist? *(Aktives Zuhören)*
Sabrina nickt.
Erzieherin: Jetzt frühstücken wir erst mal, dann gehen wir ein wenig in den Garten, dann machen wir Schlusskreis und dann kommt die Mama!
Sabrina schaut fragend in Richtung Uhr.
Erzieherin: Du möchtest wissen, um wie viel Uhr die Mama kommt? *(Aktives Zuhören)*
Sabrina nickt.
Erzieherin: Um 12 Uhr, dann zeigen beide Zeiger nach oben!

Sabrina: Wenn wir Schlusskreis machen?
Erzieherin: Ja!
Sabrina: Können wir den Schlusskreis nicht jetzt schon machen?
Die Erzieherin nimmt das Kind liebevoll in den Arm.
Erzieherin: Das würde nichts nützen, denn die Zeiger würden dann auch nicht schneller weiter wandern.
Sabrina: Schade!
Erzieherin: Magst du beim Frühstück bei mir sitzen? Dann können wir noch ein wenig erzählen. Und dann gehen wir zusammen raus.
Sabrina nickt. Die Erzieherin nimmt sie an die Hand und sie gehen gemeinsam zum Frühstück.

Auswertung des Gesprächs

Das Gespräch auf Augenhöhe gibt Sabrina das Gefühl von Wertschätzung und Wahrgenommensein. Die Erzieherin verwendet nur zum Einstieg das aktive Zuhören, um dem Kind das Gefühl zu geben, verstanden zu sein. Sie bemüht sich dann, Sabrina mit Sachinformationen über den Ablauf des weiteren Vormittags eine Hilfestellung für die Zeiteinschätzung zu geben. Der Zeitraum von drei Stunden ist für das Kind nicht mit Inhalt zu füllen, es hat keine genaue Vorstellung, wie lang drei Stunden sein können. Dann erklärt die Erzieherin, wie die Zeiger der Uhr stehen müssen, damit man erkennt, dass es zwölf Uhr ist. Sabrina ist äußerst kreativ und möchte die Zeit beeinflussen, indem sie die Aktivitäten an diesem Vormittag in eine andere Reihenfolge bringen will. An dieser Stelle nimmt die Erzieherin Sabrina in den Arm, weil sie erkennt, wie allein sich das Kind in diesem Augenblick fühlt. Sabrina merkt, dass sie keine Möglichkeit hat, den Verlauf der Zeit tatsächlich zu beeinflussen. Die Erzieherin reagiert auf das Gefühl des Kindes mit dieser liebevollen Geste, ohne etwas dazu zu sagen. Dies ist eine gute Möglichkeit, bei jungen Kindern über Gesten das aktive Zuhören anzuwenden. Das Kind fühlt sich in seiner augenblicklichen Verfassung gesehen, angenommen und aufgefangen, eine Reaktion, die sich auch beim Erwachsenen oder bei älteren Kindern durch das aktive Zuhören in verbaler Form ergibt.

5.5 Verschiedene Übungen zum aktiven Zuhören

Im folgenden Teil des Buches sollen verschiedene Übungen dargestellt werden, die sich als günstig erwiesen haben, um Erzieherinnen in unseren Kursen schrittweise ins aktive Zuhören einzuführen. Die einzelnen Übungen bauen aufeinander auf und sind hilfreich, um erste Erfahrungen mit aktivem Zuhören zu sammeln und diese neue Form des Gesprächsverhaltens zu erproben und einzuüben. Die Auswertungen zu den Übungen finden Sie im Anhang auf S. 136 ff..

Übung 1: Unterschiedliche Beratungsreaktionen

Ziel der folgenden Übung ist es, sich bewusst zu machen, wie viele verschiedene Möglichkeiten es gibt, auf das Problem eines Ratsuchenden zu reagieren und die Auswirkungen der verschiedenen Reaktionen zu untersuchen. Was hilft dabei, das Gespräch fortzusetzen, welche Reaktion oder Aussage hemmt oder blockiert das Gespräch? Wie wird der Ratsuchende auf die Formulierung reagieren?

Bei der Übung werden verschiedene Gesprächssituationen dargestellt. Stellen Sie sich bitte vor, dass alle Beraterreaktionen in der Anfangsphase eines Gespräches erfolgen, ohne dass die Erzieherin schon den genauen Sachverhalt kennt.

Aufgabenstellung

Bitte überlegen Sie beim Lesen der Fallbeispiele, wie die verschiedenen Reaktionen der Erzieherin zu bewerten sind. Bei welchen Reaktionen wendet die Erzieherin aktives Zuhören an und versprachlicht die Gefühle des Ratsuchenden?

Gesprächssituation 1

Die Mutter kommt zur Erzieherin und spricht folgendes Problem in Bezug auf ihr Kind an: »Pablo ist einfach unmöglich zu Hause. Er tyrannisiert seine Geschwister und mich auch. Am Essen nörgelt er herum und woanders ist er das bravste Kind.«
Mögliche Reaktionen:

a) »Das ist sicher nur so eine Phase, die er gerade durchmacht.«
b) »Bei Ihren Familienverhältnissen ist das ja auch kein Wunder.«
c) »So schlimm kann es doch überhaupt nicht sein. Im Kindergarten ist er doch so verträglich.«
d) »Es tut mir leid, aber im Augenblick möchte ich mit Ihnen über etwas anderes reden.«
e) »Sie sind ratlos, was mit Pablo los ist.«
f) »Suchen Sie doch mal eine Erziehungsberatungsstelle auf.«

Gesprächssituation 2

Die Mutter sagt zur Erzieherin: »Manchmal würde ich am liebsten davonlaufen: Die Kinder, Stress bei der Arbeit und dann immer noch der Haushalt …!«
Mögliche Reaktionen:

a) »Gönnen Sie sich doch mal einen freien Nachmittag!«
b) »So schlimm ist es doch auch wieder nicht. Julian geht in den Kindergarten, David in die Schule, da ist dann doch nur noch das Baby. Julian ist doch auch schon so vernünftig.«
c) »Sie haben im Augenblick alles so richtig satt.«
d) »Aber Ihre Kinder brauchen Sie doch!«

Gesprächssituation 3

Der Vater sagt zur Erzieherin: »Meine Frau ist seit vierzehn Tagen im Krankenhaus und muss wahrscheinlich noch einige Zeit dort bleiben. Im Augenblick habe ich mir Urlaub genommen und dann kommt meine Schwiegermutter, aber sie ist schon ziemlich alt. Und drei kleine Kinder versorgen ... Die Kinder fragen auch dauernd nach ihrer Mutter.«

Mögliche Reaktionen:

a) »Sie machen sich Sorgen, wie es weitergehen soll, zumal Ihre Schwiegermutter schon ziemlich alt ist.«
b) »Machen Sie sich keine Sorgen, die Kinder werden es schon verkraften.«
c) »Das tut mir aber leid. Da haben Sie aber jetzt viel am Hals.«
d) »Muss es denn unbedingt Ihre Schwiegermutter sein, wenn Sie jetzt schon meinen, dass sie zu alt ist.«

Gesprächssituation 4

Die Mutter sagt zur Erzieherin: »Hannes will einfach nicht in den Kindergarten gehen. Jeden Morgen weint er und alles Zureden nützt nichts.« (Hannes ist vier Jahre alt und geht seit 14 Tagen in den Kindergarten.)

Mögliche Reaktionen:

a) »Machen Sie sich keine Sorgen. Wir kümmern uns schon um ihn.«
b) »Das ist normal, die Kinder brauchen immer eine gewisse Eingewöhnungszeit.«
c) »Sie machen sich Sorgen um Hannes und sind ratlos, wie Sie ihm helfen können.«
d) »Haben Sie sich schon mal überlegt, ob er Sie an der Nase herumführen will?«
e) »Sie halten sich ja auch viel zu lange im Kindergarten auf. Dadurch fällt ihm die Trennung natürlich besonders schwer.«

Gesprächssituation 5

Die Praktikantin sagt zu ihrer Praxisanleiterin wütend: »Ich weiß gar nicht, warum ich hier sitze. Wenn ich etwas sage, dann zählt es ja doch nicht und wird nicht beachtet!«

Mögliche Reaktionen:

a) »Sie sollten mittlerweile eigentlich gelernt haben, sich etwas angemessener zu verhalten.«
b) »Wenn Sie sich so benehmen, brauchen Sie sich über nichts zu wundern.«
c) »Sie haben das Gefühl, nicht ernst genommen zu werden und ärgern sich darüber.«
d) »Sie sind schließlich hier, um etwas zu lernen. Meinen Sie nicht, dass wir als ältere und erfahrenere Erzieherinnen die Arbeit im Kindergarten besser einschätzen können?«
e) »So ein Ton! Seien Sie froh, dass Sie so eine Praxisstelle gefunden haben. Wir sind alle bemüht, Sie in die Kindergartenarbeit einzuführen. Man sollte erst mal von der Erfahrung der älteren Erzieherinnen lernen, bevor man den Mund aufmacht.«

Gesprächssituation 6

Lena kommt zur Erzieherin und sagt: »Die sind so gemein zu mir! Immer nehmen sie mir meine Sachen weg!«
Mögliche Reaktionen:
a) »Ach komm, sei mal nicht so empfindlich!«
b) »Das ist doch nicht so schlimm!«
c) »Du siehst doch, dass ich im Augenblick keine Zeit habe!«
d) »Dann hol sie dir doch einfach wieder!«
e) »Du bist sauer auf die anderen Kinder und weißt nicht, was du jetzt machen sollst.«
f) »Jeden Tag das Gleiche! Dann spiel doch einfach mal mit anderen Kindern!«

Mögliche Lösungsvorschläge für die Übung finden Sie im Auswertungsteil des Buches auf Seite 136 ff.

Gesprächsblocker

In dieser Übung kann auch herausgearbeitet werden, dass verschiedene Reaktionen des Beraters ein Gespräch erschweren oder behindern können, sogenannte »Gesprächsblocker«. Dazu zählen folgende Beratungsreaktionen:

- Voreilige Ratschläge, die dem Ratsuchenden eher das Gefühl geben, nicht verstanden und vielleicht sogar abgewimmelt zu werden. Ratschläge können dann angebracht sein, wenn das Problem von allen Seiten beleuchtet und besprochen wurde, mit Sicherheit aber nicht zu Beginn eines Gespräches.
- Bagatellisierungen des Problems, weil der Ratsuchende sich dadurch nicht ernst genommen fühlt und ihm indirekt vermittelt wird, dass er mit seiner Einschätzung übertreibt.
- Abwertungen, weil sie den anderen herabsetzen und demütigen.
- Ablenken von dem Problem des Ratsuchenden blockiert das Gespräch bereits im Vorfeld.
- Vorwürfe und Schuldzuweisungen machen den Ratsuchenden ebenfalls klein. Er wird dadurch in eine Verteidigungsrolle hineingedrängt, das erschwert eine Problemlösung.
- Moralpredigten, weil dadurch dem Ratsuchenden das Recht abgesprochen wird, so zu empfinden, wie er empfindet, und sich so zu verhalten, wie er sich nun mal verhält oder verhalten hat.
- Mitleid, weil der Ratsuchende dadurch eventuell noch mehr niedergedrückt wird, ohne dass er konstruktiv über sein Problem nachdenken kann.

Übung 2: Auf Empfindungen hören

Allen, die aktives Zuhören lernen wollen, fällt es am Anfang schwer, im Gespräch das der Aussage zugrunde liegende Gefühl zu benennen. Die folgende Übung soll dafür eine Hilfe sein.

Aufgabenstellung

Es werden verschiedene Äußerungen dargestellt und Sie können versuchen, auf die Gefühle, die sich in diesen Aussagen verbergen, zu hören und sie zu benennen. Dabei kann es vorkommen, dass sich bei manchen Sätzen die Bedeutung ändert, je nachdem, welche Betonung Sie hineinlegen. Denn wie gesagt: »Der Ton macht die Musik!«

Kinderäußerungen

1. »Schau mal, was ich gebaut habe!«
2. »Jetzt ist es wieder kaputtgegangen! Nein, ich baue es nicht mehr!«
3. »Immer muss ich das machen!«
4. »Oh, wenn der wieder anfängt, dann schlage ich ihn einfach.«
5. »Noch zwei Tage, dann schlafe ich bei der Oma!«
6. »Ich spiele nie mehr mit Sven, nie im Leben. Der ist zu blöd.«

Kollegenäußerungen

7. »Heute klappt auch gar nichts!«
8. »Dieser Sven, dauernd stört er. Nichts kann man in Ruhe zu Ende machen.«
9. »Diese Mutter! Immer steckt sie ihre Nase in alles rein.«
10. »Mir ist einfach alles zuviel: Die Kinder, die Festvorbereitungen und dazu noch private Sorgen.«
11. »Mit dieser Frau kann ich einfach nicht sprechen. Sie will die Probleme mit ihrem Kind nicht sehen. Ich weiß wirklich nicht, was ich noch versuchen könnte!«

Elternäußerungen

12. »Was soll ich bloß mit Mesud machen? Er macht zu Hause, was er will!«
13. »Mein Mann kümmert sich zu Hause um nichts. Tagsüber arbeitet er und abends geht er zum Fitnessstudio.«
14. »Wir haben hier überhaupt keinen Bekanntenkreis. Die Leute wollen anscheinend unter sich bleiben.«
15. »Sven ergreift zu Hause überhaupt keine Initiative. Er lässt sich alles von seinem größeren Bruder gefallen und wehrt sich nicht.«
16. »Gott sei Dank, wir haben endlich eine neue Wohnung gefunden!«

Die Auswertung der Übung finden Sie im Auswertungsteil des Buches auf Seite 136 ff. Anhand dieser Übung wird deutlich, wie viele Gefühle und wie viele Nuancen es gibt. Gefühle kann man gut anhand von Bildern versprachlichen. Die deutsche Sprache ist reich an solchen Bildern, mit denen sich sehr anschaulich und treffend Gefühle beschreiben lassen.

Hier einige Beispiele:

- mit dem Kopf durch die Wand wollen
- gegen eine Wand reden
- zwischen den Stühlen sitzen
- den Himmel auf Erden haben
- im siebten Himmel schweben
- sich in die Wolle kriegen

Übung 3: Aktives Zuhören in Antwortsätze einbinden

Die folgende Übung geht noch einen Schritt weiter als die zweite Übung, indem jetzt nicht nur die Gefühle aus einer Äußerung herausgehört und benannt werden sollen, sondern Antwortsätze gebildet werden können, in denen aktives Zuhören angewendet wird.

Man kann diese Übung allein oder auch zusammen mit anderen machen. Eine gemeinsame Arbeit könnte sich so gestalten, dass einer den Ratsuchenden (Mutter bzw. Kollegin) spielt und den vorgegebenen Satz mit der Betonung liest, die ihm dazu einfällt. Der Partner in der Rolle des Beraters (Erzieherin) versucht nun, zu einer Antwort zu kommen, indem er aktives Zuhören anwendet. Der Ratsuchende kann dem Berater anschließend zurückmelden, ob er sich verstanden gefühlt hat und ob das Gefühl richtig benannt wurde. Rollenspiele helfen, aktives Zuhören einzuüben und dessen Wirkung zu spüren.

Wer allein arbeitet, kann versuchen, sich in den Ratsuchenden hineinzuversetzen und seine Gefühle in dem Antwortsatz zu versprachlichen. Es ist hilfreich, die Antwortsätze wie in dem ersten Beispiel vorgegeben, tatsächlich schriftlich auszuformulieren. Auch diese Art der Vorgehensweise ist sinnvoll und eine gute Übung, um aktives Zuhören zu lernen.

Arbeitsauftrag

Formulieren Sie eine Antwort auf die jeweilige Aussage, indem Sie das aktive Zuhören anwenden und versprachlichen.

Beispiel

»Wenn ich an die Schule denke, wird in diesem Kindergarten viel zu viel gespielt und zu wenig gearbeitet.«

Aktives Zuhören: »Sie sind besorgt und fragen sich, ob Ihr Kind den Anforderungen in der Schule gewachsen ist.«

1. »Sophie ist dauernd eifersüchtig auf ihre jüngere Schwester, obwohl ich mich so oft wie möglich mit ihr beschäftige.«

Aktives Zuhören: ______________________________

____

2. »Ich habe eine Arbeit angeboten bekommen. Ich hätte schon Lust dazu, aber andererseits sind da die Kinder.«
3. »Mein Mann hat endlich eine Arbeit gefunden und dazu noch ganz in der Nähe!«
4. »Seit mein Mann arbeitslos ist, kommt er ständig betrunken nach Hause. Die Kinder werden nachts oft wach und der Kleine weint immer.«
5. »Eigentlich weiß ich gar nicht, was Jennifer im Kindergarten macht. Wenn ich sie frage, sagt sie regelmäßig: ›Nichts!‹«
6. »Manchmal würde ich am liebsten davonlaufen: Jeden Tag zur Arbeit, der Haushalt, die Kinder ...«
7. »Mein älterer Sohn ist so verbohrt. Ich rede und rede, aber er geht auf nichts ein.«
8. »Heute Abend ist mein erster Elternabend. Ich kenne die Eltern noch nicht. Wie wird das wohl werden?«
9. »Noch eine Woche, dann habe ich drei Wochen Urlaub!«
10. »Frau K. meint, sie sei etwas Besseres. Ständig gibt sie mir Ratschläge, wie ich arbeiten soll. Nur weil sie die Frau vom Professor ist.«
11. »Wegen Emmas Sprachschwierigkeiten müsste ich dringend mit Frau S. sprechen. Aber sie ist so überzeugt von ihrer Tochter.«
12. »Heute Abend ist Elternbeirat. Frau S. redet immer wie ein Buch und lässt keinen anderen zu Wort kommen.«
13. »Der Sascha hat meinen Turm einfach umgetreten! Jetzt ist er kaputt! Das ist gemein von ihm!«
14. »Ich möchte auch mal das Dreirad haben. Immer fahren die anderen damit und geben es mir nie ab.«
15. »Noch drei Mal schlafen und wir fahren auf den Bauernhof!«

Alle in der Auswertung auf Seite 136 ff. beschriebenen Antwortsätze sind nur Beispiele dafür, wie eine Erwiderung mit aktivem Zuhören aussehen könnte. Sie können durchaus von Ihren eigenen Sätzen abweichen. Möglicherweise haben Sie sich die Sätze des Ratsuchenden auch mit einer anderen Betonung oder in einem anderen Zusammenhang vorgestellt und sind deshalb zu einer anderen Erwiderung gekommen. Bei manchen Sätzen finden Sie eine Reaktion mit aktivem Zuhören vielleicht überhaupt nicht angebracht. Bei Beispielsätzen besteht immer die Schwierigkeit, dass sie aus dem Zusammenhang gerissen sind und somit einen großen Spielraum für persönliche Interpretationen lassen. Darin liegt aber auch eine Chance, weil deutlich wird, dass sich die Bedeutung einer Aussage immer einerseits aus der begleitenden Gestik, Mimik und der Art, wie jemand etwas sagt, und andererseits aus dem Kontext, in dem sie steht, erschließt. In den vorangegangenen Kapiteln wurde darüber schon ausführlich gesprochen.

Ob ein Antwortsatz richtig oder falsch ist, richtet sich ausschließlich danach, ob der Ratsuchende sich verstanden fühlt und ermutigt wird, weiterzusprechen. Es kommt nur darauf an, dass der Berater sich empathisch verhält, die jeweilige Gefühlslage des Ratsuchenden richtig heraushört und aufgreift. Dabei hat der Ratsuchende immer auch die Möglichkeit, dem Berater Rückmeldung zu geben, wenn er sich nicht verstanden fühlt.

5.6 Grenzen des aktiven Zuhörens

Wenn aktives Zuhören richtig angewendet werden soll, ist es wichtig zu wissen, wann es sinnvoll ist. Man muss sich der Möglichkeiten und Grenzen im Arbeitsalltag bewusst sein.

Bevor aktives Zuhören eingesetzt wird, muss immer geklärt werden, ob es sich um eine integrative oder eine distributive Situation handelt.

- Unter einer **integrativen Situation** versteht man, dass es nicht darum geht, sich selbst einen Vorteil zu verschaffen. In einer integrativen Situation können beide Partner gewinnen, es gibt keinen Verlierer.
- Im Unterschied dazu ist die **distributive Situation** dadurch gekennzeichnet, dass es einen Gewinner und einen Verlierer gibt, einer will den anderen möglichst überbieten oder übervorteilen will. Hier ist aktives Zuhören nicht sinnvoll.

Beispiele für distributive Situationen

1. Beispiel: Auftragsvergabe bei Geschäftsleuten

Stellen Sie sich zwei Geschäftsleute vor, die sich beide um einen Auftrag bemühen. Es ist klar, dass nur einer den Auftrag bekommen kann. Würde man in diesem Fall aktives Zuhören anwenden, wäre es völlig unangebracht, weil diese Situation nicht integrativ zu lösen ist. Es kann nur einer gewinnen und einer verlieren.

2. Beispiel: Bewerbung zweier Erzieherinnen um eine Arbeitsstelle

Im Kindergarten ist eine distributive Situation zum Beispiel dann gegeben, wenn sich zwei Erzieherinnen gleichzeitig um eine Stelle bemühen. Jede wird in diesem Fall berechtigterweise versuchen, die Stelle zu bekommen. Die eine wird in ihren Bemühungen um die Stelle gewinnen, die andere verlieren.

3. Beispiel: Rechtliche Vorgaben

Eine distributive Situation kann im Kindergarten auch dann entstehen, wenn sich eine Mitarbeiterin in keiner Weise an ihren Arbeitsvertrag hält und rechtlich bindende Vereinbarungen, wie zum Beispiel die vorgeschriebenen Dienstzeiten, nicht einhält und damit zu einer Belastung für das Team wird. Wenn Gespräche nicht weiterführen, kann es notwendig werden, entsprechende Konsequenzen zu ziehen.

4. Beispiel: Finanzierung von Reparaturen im Kindergarten

Eine distributive Situation ist auch in folgendem Beispiel entstanden: In einem Gruppenraum ist das Mobiliar der Puppenecke zum großen Teil so beschädigt, dass die Kinder ernsthaft Gefahr laufen, sich beim Spielen zu verletzen. Die Leiterin hat das Problem schon mehrfach bei der Gemeindeverwaltung vorgetragen und immer eine abschlägige Antwort bekommen. Das Geld würde an anderer Stelle in der Gemeinde mehr gebraucht und könne nicht in eine neue Puppenecke investiert werden. In diesem Fall ist aktives Zuhören ebenfalls nicht angebracht. Jetzt geht es darum, die eigenen Interessen nachdrücklich zu vertreten und Strategien zu entwickeln, um dem Wunsch nach einer neuen Puppenecke Nachdruck zu verleihen.

Wer hat das Problem?

Um herauszufinden, ob aktives Zuhören sinnvoll ist, ist es außerdem notwendig zu überprüfen, wer eigentlich das Problem hat.

1. Beispiel: Die Erzieherin stört der hohe Lärmpegel in der Gruppe.

Die Erzieherin ist der Meinung, dass die Kinder im Gruppenraum viel zu laut sind. In diesem Fall wäre aktives Zuhören unangebracht, weil die Erzieherin selbst das Problem hat. Sie fühlt sich durch den Lärm gestört, die Kinder haben dagegen überhaupt kein Problem mit ihrer eigenen Lautstärke. Würde die Erzieherin aktiv zuhören und sagen: »Es macht euch großen Spaß, so laut zu sein«, hätten die Kinder keinen Grund, ihr Verhalten zu ändern.

2. Beispiel: »Autoritärer« Leitungsstil im Kindergarten

Das Team fühlt sich in seiner Aktivität eingeschränkt, weil die Leiterin »alle Fäden in der Hand hat« und den Erzieherinnen wenig Verantwortung überträgt. Die Erzieherinnen fühlen sich dadurch nicht ernst genommen und ärgern sich über den Arbeitsstil der Leiterin. In diesem Fall haben die Erzieherinnen das Problem, die Leiterin hat dagegen kein Problem mit ihrem Leitungsstil. Deshalb wäre aktives Zuhören als Einstieg in ein klärendes Gespräch nicht angebracht. Es kann jedoch im weiteren Verlauf des Gespräches sinnvoll sein: Die Leiterin hat dann die Möglichkeit, über eventuelle Ängste und Sorgen zu sprechen, die sie hegt, wenn sie Verantwortung an die Kolleginnen überträgt.

Schwerpunkt Sachebene

Aktives Zuhören ist darüber hinaus nicht angebracht, wenn es sich in einem Gespräch oder in einer Diskussion um den sachlichen Austausch von Informationen handelt.

Beispiel: Ein Vater fragt vor Beginn der Ferien: »Wann fängt eigentlich der Kindergarten wieder an?«

In diesem Fall würde sich der Vater auf den Arm genommen fühlen, wenn ihm mit aktivem Zuhören geantwortet würde, indem die Erzieherin zum Beispiel sagt: »Sie sind besorgt, weil Sie nicht wissen, wann der Kindergarten wieder anfängt.« Hier ist eine sachliche Antwort auf eine sachliche Frage erforderlich.

Zusammenfassung

Aktives Zuhören hat eine wichtige »Türöffnerfunktion« bei Beratungsgesprächen. Der Berater lädt den Ratsuchenden ein, mehr über sich zu sagen, er bringt ihm Empathie entgegen. Sogenannte Gesprächsblocker sollten aufseiten des Beraters also unbedingt vermieden werden, weil die Wertschätzung des Gegenübers so nicht zum Ausdruck kommt.

Aktives Zuhören gibt dem anderen das Gefühl, verstanden und angenommen zu sein. Das ist die wichtigste Voraussetzung dafür, dass ein Mensch sich öffnen und über seine Probleme reden kann. Manchmal will der Ratsuchende zu Gesprächsbeginn zunächst herausfinden, inwieweit und ob er sich seinem Gesprächspartner tatsächlich anvertrauen kann. Er kommt erst dann zum Kern der Sache, wenn er sicher sein kann, dass er dem Berater vertrauen kann.

Aktives Zuhören hilft dem anderen, die eigenen Gefühle besser zu verstehen und anzunehmen. Dies ist besonders wichtig bei Gefühlen, die gesellschaftlich weniger akzeptiert sind, zum Beispiel wenn eine Mutter phasenweise ihren Kindern auch einmal ablehnend gegenübersteht. Es ist wichtig, dass der Ratsuchende alle Gefühle aussprechen kann, ohne sich zu schämen. Aktives Zuhören hat unter diesem Aspekt eine reinigende Wirkung und befreit den Ratsuchenden von belastenden Empfindungen.

Aktives Zuhören fördert eine gute Beziehung zwischen dem Ratsuchenden und dem Berater. Ratsuchende hören bereitwilliger zu, wenn sie das Gefühl haben, verstanden und nicht kritisiert zu werden. Kritik in einem Beratungsgespräch führt dazu, dass der andere sich zurückzieht, um sich zu schützen.

Der Ratsuchende erhält beim aktiven Zuhören die Gelegenheit, ausführlich über sein Problem zu sprechen und die Schwierigkeit näher einzugrenzen. Manchmal kann sich auch herausstellen, dass das anfangs vorgetragene Problem nicht das wesentliche ist, die Botschaft eigentlich eine andere ist. Das aktive Zuhören ist dann eine wichtige Unterstützung, um an den Kern des Problems heranzukommen. Es hilft dem Ratsuchenden, über sich nachzudenken und selbst zu einer Lösung zu kommen.

Missverständnisse können mit dem aktiven Zuhören aus dem Weg geräumt werden, wenn etwa der Berater die Selbstoffenbarungsseite der Nachricht nicht richtig verstanden hat. Durch aktives Zuhören kann er seine Vermutung überprüfen. Beispiel: Mutter: »Kevin isst in letzter Zeit so schlecht.« – Erzieherin: »Sie machen sich deshalb Sorgen.« – Mutter: »Nein, ich bin ärgerlich, weil ich immer vergeblich koche.«

6.

Auf Nachrichten reagieren – Anderen Menschen Feedback geben

In diesem Kapitel erfahren Sie

- **welche Wirkung Feedback auf Beziehungen hat**
- **wie man weiterführendes und kritisches Feedback gibt**
- **wie der Aufbau eines Feedbacks gestaltet sein sollte**
- **dass Feedback geben auch hilft, die eigenen Grenzen zu schützen**

6.1 Anerkennendes und kritisches Feedback

Von jemandem zu erfahren, welche Wirkung wir und unser Verhalten auf ihn haben, nennen wir: Feedback bekommen. Feedback bekommen wir zum Beispiel, wenn andere uns mitteilen, dass sie entweder etwas nicht verstanden haben (»Wie hast du das gemeint?«) oder nicht damit einverstanden sind, was wir tun (»Hör bloß auf damit!«). Eine dritte Möglichkeit ist es, unser Verhalten positiv zu bewerten (»Das hast du gut gemacht!«) (vgl. Schwäbisch/Siems: anleitung zum sozialen lernen, S. 70).

Man kann also unterscheiden zwischen einem anerkennenden Feedback und einem eher kritischen Feedback. Feedback gibt uns wichtige Hinweise darauf, wie das, was wir sagen oder tun, auf andere wirkt und wie sie dazu stehen. Ebenso können wir selbst durch unser Feedback mitteilen, wie wir zu dem eingestellt sind, was andere sagen oder tun.

Sowohl anerkennendes Feedback als auch kritisches Feedback annehmen und geben kann aus verschiedenen Gründen schwierig sein.

Anerkennendes Feedback geben

Ein anerkennendes Feedback zu geben setzt voraus, dass wir in der Lage sind, das, was andere tun und sagen, positiv zu bewerten und dies auch auszudrücken. Das kann schwer fallen, wenn wir uns in Konkurrenz zu anderen fühlen und deshalb nicht anerkennen können, dass diese etwas getan oder gesagt haben, was eigentlich positiv zu bewerten ist.

Genauso kann es auch schwer fallen, ein positives Feedback anzunehmen. Viele Menschen neigen dazu, ein positives Feedback, das sie bekommen, abzuschwächen.

Beispiel: Erzieherin: »Sie haben heute aber ein schönes Kleid an.« – Kollegin: »Ach, na ja, ich habe es günstig im Ausverkauf bekommen.«

Anerkennendes Feedback zu geben und anzunehmen will also gelernt sein. Anerkennendes Feedback wirkt sich grundsätzlich positiv auf Beziehungen aus, weil wir dadurch die anderen aufwerten und ebenfalls von ihnen aufgewertet werden.

Beispiele für positives Feedback

Das kann sich bei Kolleginnen so anhören:

- »Ich finde, Sie haben Ihren Raum sehr schön hergerichtet.«
- »Ich finde es gut, dass Sie noch immer so viel Geduld mit Emil haben, obwohl er Ihnen so zusetzt.«
- »Da haben Sie sich aber viel Arbeit gemacht.«
- »Sie haben immer so gute Ideen.«

Anerkennendes Feedback trägt sehr zu einem guten Betriebsklima bei, weil sich die einzelnen Teammitglieder geschätzt fühlen. Es ist im Umgang miteinander immer wichtig, das Positive aneinander anzuerkennen, es also nicht als selbstverständlich anzusehen und sich deshalb nicht dazu zu äußern. Das Positive hat ein anerkennendes Feedback verdient. Dazu kommt, dass es uns leichter fällt, ein kritisches Feedback anzunehmen, wenn wir auch anerkennende Rückmeldungen von den anderen erhalten.

Kritisches Feedback geben

Es gibt Situationen, die es notwendig machen, sich kritisch zu dem Verhalten eines anderen zu äußern, weil es uns stört oder wir möglicherweise sogar darunter leiden.

Beispiele für kritisches Feedback

- Die Gruppenleiterin steht vor der Aufgabe, ein Gespräch mit ihrer Kollegin zu führen, weil diese ständig ihre Sachen überall liegen lässt.
- Die Kinder sind viel zu laut und die Erzieherin hat Mühe, mit ihrer Stimme noch durchzukommen.
- Die Leiterin hat das Gefühl, dass die ganze Arbeit an ihr hängen bleibt und sich die Kolleginnen nicht genügend engagieren.
- Die Gruppenleiterin hat bestimmte Erwartungen an die Praktikantin, die diese aber nicht erfüllt.

Es fällt den meisten Menschen sehr schwer, einem anderen kritische Rückmeldung zu geben, ohne ihm dabei gleichzeitig Vorwürfe zu machen, ihn zu kränken oder herabzusetzen.

Aus dieser Schwierigkeit heraus wird es oft vermieden, ein Problem offen anzusprechen. Es gibt zwar einen Grund, sich zu ärgern oder wütend zu sein, aber es fehlen oft die Worte und die geeignete Form, um sich so auszudrücken, dass unser Gesprächspartner unsere Rückmeldung auch annehmen kann.

Gespräch zwischen zwei Kolleginnen in der Kita

Die Gruppenleiterin ärgert sich, dass ihre Kollegin ihre Sachen ständig überall liegen lässt. Eines Tages macht sie ihrem Ärger Luft:

Gruppenleiterin: Wieso liegen Ihre Sachen eigentlich überall herum? Das ist doch wirklich eine Schlamperei!
Kollegin: Das stimmt nicht, ich habe gestern alles weggeräumt.
Gruppenleiterin: Das ist doch wirklich allerhand! Hier auf dem Schreibtisch liegt Ihre Jacke, dort über dem Stuhl hängt Ihre Tasche und die Frühstückssachen sind auf dem Tisch verteilt. Wollen Sie vielleicht sagen, dass man das als Ordnung bezeichnen kann?
Kollegin: Ich und schlampig! Das geht nun wirklich zu weit. Ich finde, Sie haben einen Ordnungstick und sind viel zu kleinlich.
Gruppenleiterin: Ich und kleinlich? Dass ich nicht lache! Die ganze Zeit schon räume ich hinter Ihnen her. Ich möchte mal wissen, wie es bei Ihnen zu Hause aussieht.
Kollegin: Das kann Ihnen ja nun wirklich egal sein. Aber wenn Sie wollen, können Sie mich auch gerne noch zu Hause kontrollieren.
Gruppenleiterin: Das hat doch überhaupt nichts mit Kontrolle zu tun. Außerdem finde ich es nicht schön von Ihnen, dass Sie sich jetzt auch noch über mich lustig machen.
Kollegin: Ach, seien Sie nicht so empfindlich! Wer hat denn den Streit angefangen?

Auswertung des Gespräches

Dieses Gespräch ist für beide Seiten sehr unbefriedigend verlaufen. Am Ende gehen die beiden im Zorn auseinander, ohne dass eine konstruktive Lösung gefunden werden konnte.

Ursache des Problems herausfinden

In diesem Fall hat eindeutig die Gruppenleiterin das Problem, nicht aber ihre Kollegin. Das Problem der Gruppenleiterin besteht darin, dass sie mit der Unordentlichkeit ihrer Kollegin nicht mehr umgehen kann und sich ständig über die überall herumliegenden Sachen ärgert. Die Kollegin hat dagegen überhaupt kein Problem mit ihrer eigenen Unordnung und fühlt sich ganz wohl damit.

Offensichtlich existiert das Problem unausgesprochen bereits längere Zeit, denn die Gruppenleiterin sagt an einer Stelle, dass sie die ganze Zeit schon die Sachen hinter ihrer Kollegin herräumt. Wir können also vermuten, dass sich schon vor dem Gespräch viel Ärger bei der Gruppenleiterin angestaut hat, der aber erst jetzt zur Sprache kommt und die Kollegin relativ unvorbereitet trifft. Möglicherweise hatte das Wegräumen für die Gruppenleiterin hauptsächlich Appellcharakter, um der Kollegin indirekt zu vermitteln, dass sie ihre Sachen selbst wegräumen sollte. Dieser Appell ist bei der Kollegin aber nicht angekommen. Vielleicht hat sie das Wegräumen sogar als freundliche Geste interpretiert und ist überrascht, dass die Gruppenleiterin so ungehalten reagiert.

Untersuchen wir nun den Gesprächsverlauf und betrachten zunächst den ersten Satz genauer: »Wieso liegen Ihre Sachen eigentlich überall herum? Das ist doch wirklich eine Schlamperei!« Die Gruppenleiterin bringt ihren Ärger in dieser Äußerung nur indirekt zum Ausdruck, indem sie der Kollegin eine sehr vorwurfsvolle Frage stellt und dann noch eine Abwertung hinzufügt. Sie verschlüsselt ihren Ärger, indem sie ihn in Form von Vorwürfen und Abwertungen äußert.

Die Kollegin fühlt sich angegriffen, sie reagiert zunächst, indem sie sich verteidigt und abstreitet, dass sie so unordentlich sei. Dies wiederum bringt die Gruppenleiterin noch mehr in Rage und sie »beweist« der Kollegin die Richtigkeit ihrer Aussage, indem sie die herumliegenden Sachen einzeln aufzählt. Die Kollegin geht nun zum Gegenangriff über und bezeichnet die Gruppenleiterin als kleinlich. Mit dem Hinweis auf die mögliche Unordnung zu Hause versucht die Gruppenleiterin, ihre Kollegin noch weiter abzuwerten, was ihr im Gegenzug die höchst ironische Bemerkung »Sie können mich gerne auch noch zu Hause kontrollieren« einbringt. Nun ist die Situation restlos verfahren und die Gruppenleiterin zieht sich beleidigt zurück, worauf die Kollegin ihr auch noch die Schuld für den Streit zuweist.

Störungen auf der Beziehungsebene

Die Gruppenleiterin ist kein Stück weitergekommen, im Gegenteil, denn ihr wurde der »Schwarze Peter« zugeschoben. Sie hat das Gefühl, die Verliererin in diesem Gespräch zu sein. Die Beziehung zwischen beiden ist für die Zukunft sehr belastet, wenn es nicht gelingt, das Problem aufzuarbeiten.

In diesem Fallbeispiel wurden verschiedene Schwierigkeiten deutlich, die entstehen können, wenn wir ein Problem ansprechen. Die eigenen Gefühle sollten nicht zu lange zurückgehalten werden, weil sonst ein geringfügiger Anlass genügen kann, um eine »Explosion« zu verursachen. Es ist wichtig, Vorwürfe, Abwertungen, Ironie und Schuldzuweisungen zu vermeiden, damit der andere sich nicht in die Verteidigungsrolle gedrängt fühlt und nun seinerseits ähnliche »Kampfmittel« anwendet.

Zu Beginn wurde besprochen, wie störanfällig insbesondere die Beziehungsseite in der Kommunikation ist. Wenn der Empfänger einer Nachricht auf der Beziehungsseite eine negative Botschaft erhält, wird er sehr alarmiert reagieren und alles daransetzen, sich zu wehren. Dabei geraten Gespräche oft außer Kontrolle und es besteht die Gefahr, dass die Beteiligten ganz aus dem Blick verlieren, was eigentlich der konkrete Grund für den Streit war. Es geht am Ende überhaupt nicht mehr um die Sache an sich, sondern darum, sich nichts gefallen zu lassen. Aus diesem Grund ist es wichtig zu lernen, wie man andere Menschen effektiv mit einem Problem konfrontieren kann und damit die Chance für ein konstruktives Gespräch gegeben ist.

Übung zur Wirkung von Rückmeldungen

Es folgt nun eine Übung, die helfen soll, verschiedene Formen des Feedbacks auf ihre Wirkung hin zu überprüfen. Die Leserin hat die Möglichkeit, die verschiedenen Rückmeldungen unter folgenden Gesichtspunkten zu untersuchen:

- Welche Gefühle hat der Empfänger bei dem jeweiligen Feedback?
- Welche Wirkung hat das jeweilige Feedback auf den Empfänger?
- Welche Form des Feedbacks ist eher annehmbar, welche weniger?

Arbeitsauftrag

Hilfreich ist es, die Gefühle, die man auf die entsprechende Aussage hin entwickelt, auch zu versprachlichen und sich jeweils zu notieren. Versetzen Sie sich dazu in die Rolle des Angesprochenen und formulieren Sie Ihre Gefühle bei der Rückmeldung.

1. Gruppenleiterin zu Praktikantin

Die Praktikantin ist neu im Kindergarten. Sie versucht mit viel Elan, in die Gruppenarbeit einzusteigen. Eines Tages sagt die Gruppenleiterin zu ihr:

a) »Ständig fangen Sie etwas an, von dem ich nichts weiß. Das ist furchtbar! Sie bringen ja alles durcheinander.«

Gefühle der Praktikantin:

____

b) »Wenn Sie spontan so viele Ideen einbringen, fühle ich mich übergangen, weil ich mit unserer Planung durcheinander komme und nicht mehr weiß, woran ich bin.«

Gefühle der Praktikantin:

____

2. Mutter zu Kind

Stellen Sie sich einmal vor, Sie wären ein Kind. Ihre Mutter hat Sie zum Einkaufen geschickt, aber Sie kommen wieder zurück, weil Sie den Geldbeutel vergessen haben. Ihre Mutter sagt:

a) »Du kannst aber auch gar nichts!«

b) »Nun musst du noch mal ins Geschäft gehen. Ich komme jetzt sehr unter Druck, weil ich nicht pünktlich mit dem Essen fertig werde.«

3. Praktikantin zur Erzieherin

Sie bitten die Praktikantin, im Kindergarten ein paar Seiten zu fotokopieren, diese sagt:

a) »Warum machen Sie Ihre Fotokopien nicht selber?«

b) »Wenn ich die Kopien sofort machen soll, stört mich das, weil ich dann die Beschäftigung mit den Kindern nicht mehr zu Ende bringen kann.«

4. Kollegin zu Kollegin

Sie diskutieren mit einer Arbeitskollegin, aber Sie können sich ihrer Meinung beim besten Willen nicht anschließen. Die Kollegin sagt:

a) »Mit Ihnen kann man ja nicht reden. Dauernd beharren Sie auf Ihrer Meinung.«

b) »Wenn wir beide auf unserem Standpunkt beharren, bin ich in Sorge, dass wir nicht zu einer Übereinkunft kommen.«

5. Lehrer zu Schulkind

Stellen Sie sich vor, Sie wären ein Schulkind und hätten mit Ihrem Nachbarn geredet. Der Lehrer erwischt Sie dabei und sagt:

a) »Hört endlich auf zu schwätzen, ihr seid nicht auf der Schule, um Privatgespräche zu führen.«

b) »Ich habe mich für diese Stunde gut vorbereitet und ihr hört mir überhaupt nicht zu. Das ärgert mich!«

Mögliche Lösungsvorschläge für die Übung finden Sie auf Seite 136 ff.

6.2 Die dreigeteilte Ich-Botschaft

Mit all den beschriebenen Äußerungen wird eine Rückmeldung auf ein bestimmtes Verhalten gegeben. Es wird jedoch deutlich, dass manche Rückmeldungen günstiger sind als andere, um zu erreichen, dass sich der Empfänger konstruktiv mit dem Feedback auseinandersetzt.

Wenn wir die Rückmeldungen aus den Übungen oben betrachten, zeigt sich, dass in allen Beispielen die erste Form viel schwerer anzunehmen ist, weil damit gleichzeitig auch eine Abwertung der Person oder ein Angriff verbunden ist. Der Empfänger des Feedbacks wird klein gemacht, herabgesetzt und mit Vorwürfen bedacht. Der Sender des Feedbacks macht einseitige Schuldzuweisungen und gibt dem Empfänger das Gefühl, allein die Verantwortung für den Konflikt zu tragen.

Man nennt diese Form der Rückmeldung eine »Du-Botschaft«. Du-Botschaften sind für ein kritisches Feedback nicht geeignet, weil sie bewirken, dass der Empfänger sich entweder gekränkt zurückzieht, sich verteidigt oder selbst mit dieser Form der Rückmeldung reagiert (vgl. Gordon: Familienkonferenz in der Praxis, S. 128 f.).

Bei der zweiten Form der Rückmeldung, wie sie in der vorangegangenen Übung dargestellt wurde, handelt es sich um ein Feedback, das vom Empfänger eher angenommen werden kann. Man nennt diese Form der Rückmeldung die »dreigeteilte Ich-Botschaft«.

Eine wirksame Ich-Botschaft besteht nach Gordon aus drei Teilen (vgl. Gordon: Familienkonferenz in der Praxis, S. 142):

1. der Beschreibung des **nicht akzeptablen Verhaltens**,
2. dem **Gefühl** und
3. dem **greifbaren Effekt**.

Bei der dreigeteilten Ich-Botschaft beschreibt der Sender des Feedbacks genau, was ihn am anderen stört oder ärgert, spricht über seine eigenen Gefühle und macht deutlich, welche Wirkung das Verhalten des anderen auf ihn hat.

Beispiel für eine dreigeteilte Ich-Botschaft

Nicht akzeptables Verhalten	Gefühl	Greifbarer Effekt
Wenn Sie spontan so viele Ideen einbringen,	fühle ich mich übergangen,	weil ich mit unserem Plan durcheinander komme.

Diese Form der Rückmeldung kann zunächst fremd wirken, weil wir im Allgemeinen eher daran gewöhnt sind, Rückmeldungen in Form von Du-Botschaften zu erhalten und zu geben.

Ich-Botschaften sind dennoch viel wirksamer als Du-Botschaften und veranlassen den Empfänger des Feedbacks viel eher dazu, sich damit auseinanderzusetzen. Denn bei dieser Form der Rückmeldung wird vermieden, den anderen zu kränken, zu beleidigen und herabzusetzen. Der Sender des Feedbacks verzichtet darauf, einseitig Schuld zuzuweisen, den anderen »niederzumachen« oder ihn anzugreifen, indem er von sich spricht und sagt, was ihn stört, welche Gefühle er hat und wie sich das Verhalten des anderen auf ihn auswirkt. Während der Sender bei der Du-Botschaft nur vom Empfänger spricht, sagt er bei der Ich-Botschaft etwas über sich selbst und gibt dem anderen so die Möglichkeit, ihn und seine Beweggründe zu verstehen.

Der Unterschied zwischen Ich- und Du-Botschaft soll anhand der folgenden Schaubilder verdeutlicht werden. Dabei wird nochmals das Beispiel der Praktikantin zugrunde gelegt, die Ideen in die Gruppe einbringt, ohne dies vorher mit der Gruppenleiterin abgesprochen zu haben (vgl. Gordon: Familienkonferenz in der Praxis, S. 134).

1. Beispiel: Du-Botschaft

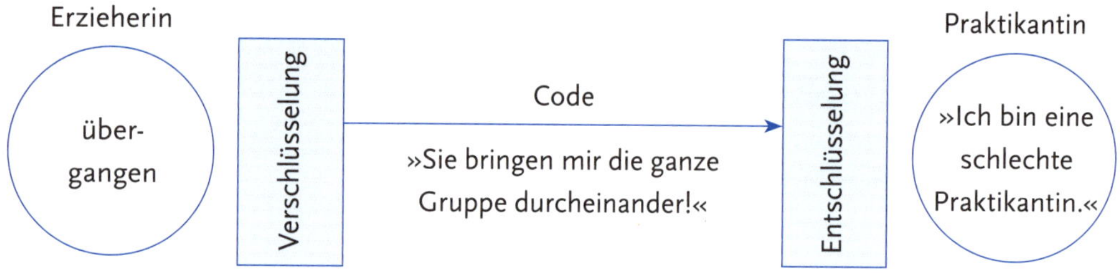

2. Beispiel: Ich-Botschaft

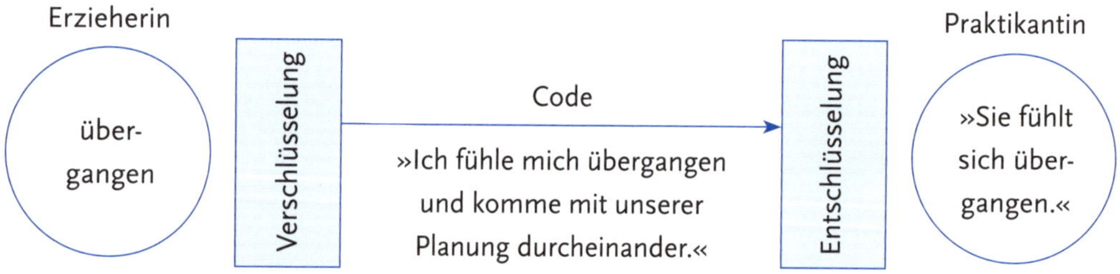

Im ersten Schaubild wird im Code deutlich, dass die Erzieherin ihr Gefühl, übergangen worden zu sein, **verschlüsselt**, indem sie die Praktikantin beschimpft und ihr Vorhaltungen macht. Im zweiten Schaubild zeigt sich, dass die Erzieherin ihr Gefühl zum Ausdruck bringt und erklärt, was so schwierig für sie ist.

Die Wirkung beider Äußerungen auf die Praktikantin ist ganz verschieden. Im ersten Schaubild **entschlüsselt** die Praktikantin die Nachricht, indem sie sich und ihre Arbeit abgewertet fühlt: »Ich bin eine schlechte Praktikantin.« Ihr Elan ist gelähmt und weitere Initiativen werden möglicherweise im Keim erstickt.

Im zweiten Schaubild entschlüsselt die Praktikantin die Nachricht als Empfindung der Gruppenleiterin. Die Praktikantin erkennt, dass sie mit ihrem Arbeitsstil die Planung der Gruppenleiterin durcheinander gebracht hat und diese sich übergangen fühlt. In diesem Fall wird sie viel eher in der Lage sein, die Rückmeldung anzunehmen, indem sie beispielsweise sagt: »Das tut mir leid, darüber habe ich überhaupt nicht nachgedacht!« Sie kann dieser Form der Rückmeldung zwei Inhalte entnehmen: Zum einen hat die Gruppenleiterin nichts gegen ihren Ideenreichtum und zum anderen möchte die Gruppenleiterin nur nicht, dass sie in der Gruppe aktiv wird, ohne das vorher mit ihr abzusprechen.

Respekt und Achtung dem Gegenüber erweisen

Die Grundvoraussetzung, um eine annehmbare Rückmeldung zu geben, ist der Respekt und die Achtung vor dem anderen, auch wenn sein Verhalten Anlass zu Ärger und Betroffenheit ist. Es muss aufseiten des Senders immer unterschieden werden zwischen der Person selbst und dem für uns nicht akzeptablen Verhalten der Person. Es ist wichtig, sich bewusst zu machen, dass wir Respekt und Achtung vor anderen haben und ihnen trotzdem ein kritisches Feedback für ein in unseren Augen nicht akzeptables Verhalten geben können. Die Trennung zwischen Person und Verhalten ist von entscheidender Bedeutung für eine wirkungsvolle Rückmeldung, damit sich der andere als Person nicht abgelehnt fühlt.

Es kann jedoch auch vorkommen, dass wir anderen Menschen gegenüber auch ablehnende und feindselige Gefühle haben. In diesem Fall sollte man überprüfen, was die Ablehnung des anderen möglicherweise mit uns selbst zu tun hat. So geht beispielsweise der einen Kollegin das Verhalten eines Kindes auf die Nerven, während die andere Kollegin von dem Kind durchaus angetan ist. Es stellen sich etwa bei der einen Kollegin »alle Stacheln auf«, wenn sie eine bestimmte Mutter nur schon im Kindergarten auftauchen sieht, während die andere Kollegin die Mutter nett findet und gerne mit ihr zu tun hat. Wenn klar geworden ist, was die Ablehnung eines anderen Menschen mit uns selbst zu tun hat, ist es einfacher, möglicherweise auch wieder eine andere Beziehung zu ihm aufzubauen.

Beispiel: Private Voreingenommenheit

Eine Erzieherin hat große Probleme mit einer Mutter, die studiert hat und an einem Institut arbeitet. Sie kann sie einfach nicht leiden. Im Gespräch mit einer Kollegin wird ihr klar, dass in ihrer Familie immer sehr abwertend über »die Studierten« gesprochen wurde. Die Eltern waren der Meinung, diese würden nichts arbeiten, sondern nur die Arbeit verteilen. Sie erkennt, dass ihre Antipathie gegenüber der Mutter auf Vorurteilen aus ihrer Kindheit beruht und mit der Frau selbst überhaupt nichts zu tun hat. Sie ist jetzt in der Lage, ihre negativen Gefühle besser zu verstehen und der Mutter offener zu begegnen.

Eigenschaften von Ich-Botschaften

Zu Beginn dieses Buches wurde besprochen, dass jede Nachricht vier Seiten enthält: die Selbstoffenbarung, die Sach-, die Beziehungs- und die Appellseite.

Beim Senden von Ich-Botschaften wird der Tatsache Rechnung getragen, dass die Beziehungsseite besonders störanfällig ist. Mit einer dreigeteilten Ich-Botschaft berücksichtigt der Sender der Rückmeldung besonders die Selbstoffenbarungs- und die Sachseite, indem er über seine Gefühle und Empfindungen spricht und gleichzeitig sachlich mitteilt, was ihn stört und welche Auswirkungen das unerwünschte Verhalten des anderen auf ihn hat. Er geht zugleich sehr sorgsam mit der Beziehungsseite um, indem er alles vermeidet, was den anderen kränken oder herabsetzen könnte. Er vermeidet es auch, direkt einen Appell zu senden und so den Empfänger der Rückmeldung zu einer Art Befehlsempfänger zu machen. Auf diese Weise hat er gute Chancen, dass der Empfänger der Rückmeldung für ein weiteres Gespräch offen ist, seine Meinung zu dem erhaltenen Feedback sagt und bereit ist, über sein Verhalten nachzudenken.

Bei der dreigeteilten Ich-Botschaft wird der andere als Person respektiert, die Rückmeldung bezieht sich nur auf sein Verhalten. Es wird nicht verallgemeinert und der Gesprächspartner hat die Möglichkeit, genau zu erfahren, was der Anlass für die Rückmeldung war.

Die dreigeteilte Ich-Botschaft ist umkehrbar. Das bedeutet, dass der Sender der Ich-Botschaft so mit dem Empfänger spricht, wie dieser auch umgekehrt mit ihm sprechen könnte und dürfte. Du-Botschaften sind nicht umkehrbar, weil niemand eine Rückmeldung dieser Art bekommen möchte.

Beispiel: Die Leiterin sagt zu einer Kollegin: »Jetzt beteiligen Sie sich doch endlich mal an den Teamgesprächen!«

Die Leiterin würde mit Sicherheit von der Kollegin umgekehrt nicht so angesprochen werden wollen. Sie würde sich genauso zurechtgewiesen fühlen wie die Kollegin und sich vielleicht zusätzlich in ihrer Rolle als Leiterin nicht ausreichend respektiert fühlen.

Eine Ich-Botschaft könnte im Gegensatz dazu lauten: »Seit einiger Zeit bringen Sie keine Ideen mehr im Team ein. Ich bin darüber traurig, weil Ihre Ideen unsere Teamgespräche sicher bereichern würden.« Mit dieser Äußerung drückt die Leiterin Wertschätzung gegenüber der Kollegin aus und ermuntert sie, auszusprechen, was sie möglicherweise daran hindert, sich in den Teamgesprächen mehr einzubringen.

Ich-Botschaften sind eindeutig und geben dem Empfänger die Möglichkeit, den Sender der Ich-Botschaft auch wirklich richtig zu verstehen. Der Sender verschlüsselt sein Gefühl nicht, indem er dem Empfänger Vorwürfe macht, Schuld zuweist oder ihn abwertet. Der Empfänger hat die Chance zu verstehen, was sein Verhalten für den Sender bedeutet. Er fühlt sich dadurch weniger abgelehnt, abgewertet und in die Enge getrieben.

6.3 Übungen zur Umformulierung von Du- in Ich-Botschaften

Bei der folgenden Übung geht es darum, Du-Botschaften in dreigeteilte Ich-Botschaften umzuformulieren. Bitte überlegen Sie bei jeder Du-Botschaft, worin möglicherweise das nicht akzeptable Verhalten des Empfängers besteht, welche Gefühle der Sender hat und welchen greifbaren Effekt das Verhalten des Empfängers auf den Sender hat. Formulieren Sie dann auf einem separaten Blatt eine passende Ich-Botschaft.

1. Du-Botschaft: »Und Sie wollen Berufspraktikantin sein? Sie sitzen ja nur auf der Fensterbank!«

Ich-Botschaft: ______________________________

____

2. »Das ist ein starkes Stück! Immer kommandieren Sie mich herum! Ich bin schließlich Berufspraktikantin und habe eine Ausbildung!«
3. »Jetzt arbeite ich schon 15 Jahre in diesem Kindergarten, aber so frech wie Sie ist mir noch keine gekommen.«
4. »Bei Ihnen muss alles so gehen, wie es schon immer gegangen ist. Dauernd wollen Sie alles besser wissen!«
5. »Ich finde es nicht in Ordnung, dass Sie mir die ganze Arbeit überlassen. Ein wenig mehr Engagement könnte Ihnen nicht schaden.«
6. »Sie müssen Lilli unbedingt wärmere Sachen kaufen. Es ist kein Wunder, dass sie andauernd krank ist. Die anderen Kinder steckt sie auch ständig an.«
7. »Du kannst aber auch nicht mal fünf Minuten still sitzen! Ständig verbreitest du Unruhe mit deinem Gekippel!«
8. »Jetzt hör doch endlich mal auf, so einen Lärm zu machen und so laut zu schreien! Das ist ja nicht zum Aushalten!«
9. »Man muss doch auch mal Pause machen dürfen!«
10. »Die Teambesprechungen bringen nichts, weil sich Frau F. immer in den Vordergrund spielt!«

Die Auswertung der Übung finden Sie auf Seite 136 ff.

Es kommt bei der Auswertung nicht auf die genaue Formulierung an, sondern darauf, dass alle drei Teile der Ich-Botschaft darin enthalten sind. Die dargestellten Ich-Botschaften sind daher als Vorschläge oder Möglichkeiten zu verstehen.

Bei der Formulierung der Ich-Botschaften ist nicht die Reihenfolge der drei Teile wesentlich. Das Gefühl kann zum Beispiel auch mal am Anfang oder am Schluss stehen oder der greifbare Effekt am Anfang oder in der Mitte.

In einer Ich-Botschaft dürfen keine Worte vorkommen, die in sich selbst schon einen Vorwurf enthalten. Das Wort »kommandieren« ist beispielsweise negativ besetzt und drängt den Empfänger unter Umständen schon in eine Verteidigungshaltung (»Ich kommandiere niemanden herum!«).

Ebenfalls zu beachten ist, dass der Empfänger immer direkt angesprochen wird. In der neunten und zehnten Übung wird über eine andere Person und deren unerwünschtes Verhalten gesprochen. Bei der Umformulierung in eine Ich-Botschaft muss die betroffene Person direkt angesprochen werden.

6.4 Situationsbeispiele für Feedback in Kita und Kindergarten

1. Beispiel: Erzieherin zu einer Kollegin

Die Erzieherin sagt zu ihrer Kollegin: »Ich möchte gerne einmal in Ruhe mit Ihnen reden. Haben Sie jetzt gerade Zeit?« – Kollegin: »Nein, im Augenblick geht es nicht.« – Erzieherin: »Können wir vielleicht einen Termin vereinbaren?«

Es ist wichtig, dass der Empfänger einer Ich-Botschaft auch Zeit hat, sich damit auseinanderzusetzen. Eine Ich-Botschaft soll immer ein konstruktives Gespräch in Gang bringen. Das ist nur möglich, wenn der Empfänger nicht den Kopf mit anderen Dingen voll hat oder seine Aufmerksamkeit anderweitig beansprucht wird. Es ist also – wie bei der Anwendung von aktivem Zuhören – auch beim Senden von Ich-Botschaften notwendig, einen ruhigen Rahmen zu schaffen und Zeit einzuplanen.

Ich-Botschaften sind eine Form der Rückmeldung, mit der Kritik in angemessener Form ausgesprochen wird. Dadurch besteht die große Chance, die Tür für ein weiterführendes Gespräch zu öffnen. Trotzdem mögen sich manche Menschen gekränkt fühlen, weil sie auf der Beziehungsseite besonders sensibel reagieren und aus der Rückmeldung zugleich auch einen Angriff auf ihre Person heraushören.

Menschen, die von sich wissen, dass sie kritische Rückmeldung nur schwer ertragen, können sich helfen, indem sie den Sender um ein wenig Zeit bitten, um auf seine Rückmeldung zu reagieren. Dadurch wird die Möglichkeit geschaffen, nachzudenken, nicht vorschnell und impulsiv zu reagieren und damit eventuell die Tür für ein weiterführendes Gespräch zuzuschlagen.

2. Beispiel: Konflikt zwischen Erzieherin und Team

Eine Erzieherin hat seit ein paar Tagen das Gefühl, dass die Atmosphäre im Team sehr gespannt ist. Aufgrund einiger Äußerungen nimmt sie an, dass die Stimmung etwas mit ihrem Verhalten zu tun hat. Keiner spricht das Problem jedoch offen an und sie traut sich ebenfalls nicht. Der Arbeitsalltag gestaltet sich für alle belastend.

Man sollte also nicht zu lange warten, wenn die Notwendigkeit besteht, einem anderen eine kritische Rückmeldung zu geben. In vielen Fällen werden die Probleme nur verschärft, indem sie zwar nicht benannt werden, aber die Beziehung unterschwellig belasten. Auf Möglichkeiten und Grenzen der Konfliktlösung mithilfe von Ich-Botschaften und aktivem Zuhören wird später noch ausführlich eingegangen.

3. Beispiel: Gruppenmoderation durch die Erzieherin

Die Erzieherin erläutert den Kindern, dass das neue Thema »Schnee und Eis« heißt und sie sich in der nächsten Zeit damit beschäftigen werden. Die Kinder in der Gruppe spielen sofort, als ob sie Schneemänner bauten, sie tun so, als ob sie wilde und laute Schlittenfahrten machen würde. Es ist sehr unruhig und laut.

- Erzieherin: »Wenn alle durcheinander reden, werde ich ganz unruhig, weil ich eure vielen Ideen überhaupt nicht verstehe und mitschreiben kann.« *(Ich-Botschaft)*
- Erzieherin: »Ihr seid so begeistert bei der Sache, aber wir müssen für heute aufhören. Ich finde das sehr schade, weil ihr so viele Ideen habt. Wollen wir morgen weiter darüber reden?« *(Ich-Botschaft)*
- Erzieherin: »Ihr findet es spannend, wenn wir uns in der nächsten Zeit mit Experimenten zu Schnee und Eis befassen.« *(Aktives Zuhören)*
- Erzieherin: »Das macht Spaß, Schlitten zu fahren und Schneemänner zu bauen.« *(Aktives Zuhören)*

Aktives Zuhören und Ich-Botschaften können also auch sehr gut in moderierten Gruppengesprächen mit Kindern eingesetzt werden. Auf diese Weise können Kinder die wichtige Erfahrung machen, dass sie wertschätzend mit ihren Bedürfnissen wahrgenommen werden. Erzieherinnen können aber auch klar Grenzen setzen, ohne die Kinder als Personen zu kritisieren oder herabzusetzen. Die Kinder lernen so, sich frei und offen zu äußern und gleichzeitig auch die anderen Kinder zu Wort kommen zu lassen. Aktives Zuhören und das Senden von Ich-Botschaften können zur Erreichung dieses Zieles eine große Hilfe sein (vgl. dazu auch Bröder: Sprachförderung in der Kita).

6.5 Schwierigkeiten im Anwenden von Ich-Botschaften

In unseren Kursen stellen Erzieherinnen immer wieder fest, dass es sehr schwierig ist, Ich-Botschaften zu formulieren, weil diese Form der Rückmeldung normalerweise nicht üblich ist. Es wird besonders am Anfang als sehr mühsam empfunden, sich die drei Teile zu vergegenwärtigen und in die Rückmeldung einzubauen.

Diese Schwierigkeiten sind Anfangsschwierigkeiten und vergehen mit zunehmender Praxis. Die drei Teile der Ich-Botschaft sind eine große Hilfe, weil der Sender dadurch eine Art Gerüst hat, an das er sich bei der Formulierung seiner Rückmeldung halten kann. Sie können auch auf mehrere Sätze verteilt werden, denn es gelingt unter Umständen nicht immer, nur einen Satz zu formulieren.

Das Senden von Ich-Botschaften erfordert die Fähigkeit, die eigenen Gefühle wahrzunehmen. Viele Erzieherinnen sagen, dass es ihnen wesentlich leichter fällt, auf die Gefühle von anderen zu hören und darauf einzugehen, als die eigenen Gefühle wahrzunehmen:

- »Ich habe immer gelernt, dass alle anderen wichtiger sind als ich. Es fällt mir nicht schwer, auf die Gefühle der anderen zu hören, aber es ist schwer, meine eigenen Gefühle wahrzunehmen.«
- »Eigentlich versuche ich immer nur, es allen anderen recht zu machen, und übergehe dabei meine eigenen Gefühle und Empfindungen.«
- »Ich möchte keinen Streit und stecke deshalb oft um des lieben Friedens willen zurück.«

Vielen werden diese Einstellungen im Zusammenhang mit dem Erlernen von Ich-Botschaften bewusst. Sie schrecken oft davor zurück, anderen eine kritische Rückmeldung zu geben, weil sie befürchten, bestehende Konflikte unter Umständen noch zu verschärfen, wenn diese erst einmal offen ausgesprochen worden sind.

Angst vor Konflikten und vor Bloßstellung

Um offene Konflikte im Kindergarten zu vermeiden, ziehen viele Erzieherinnen es vor, ihren Ärger und ihren Unmut hinunterzuschlucken. Die Angst vor Konflikten ist also ebenfalls eine große Schwierigkeit beim Formulieren von Ich-Botschaften. Es erfordert Mut von Menschen, die gelernt haben, bei Konflikten lieber zurückzustecken. Sie müssen ihre Einstellung ändern und ein neues Verhalten bei Konflikten erproben.

Viele Erzieherinnen haben das Gefühl, sich mit einer Ich-Botschaft bloßzustellen, weil sie offen über ihre Empfindungen sprechen:

- »Eigentlich will ich nicht, dass andere so viel über mich wissen. Das behalte ich lieber für mich.«
- »Ich habe das Gefühl, dass ich mich bloßstelle. Was in mir vorgeht, geht keinen etwas an.«
- »Es kann mir doch auch passieren, dass ein anderer sich über mich lustig macht und meine Gefühle ins Lächerliche zieht.«

Alle diese Bedenken, sich zu öffnen und anderen etwas über sich mitzuteilen, sind verständlich und berechtigt. Viele davon gehen auf alte Erfahrungen zurück und lassen sich nicht von heute auf morgen überwinden. Es kann deshalb hilfreich sein, das Senden von Ich-Botschaften zunächst einmal bei Menschen zu wagen, die uns nahestehen und bei denen wir nicht befürchten, uns zu blamieren oder lächerlich zu machen.

Die Reaktionen der anderen können Mut machen, sich Stück für Stück zu öffnen und sich immer mehr zuzutrauen. Zitat einer Erzieherin: »Ich glaube, ich werde die Ich-Botschaften erst mal nur bei den Kindern in der Gruppe anwenden. Da habe ich am wenigsten Angst, über meine Gefühle zu reden.« Auch diese Vorgehensweise ist geeignet, um sich an Ich-Botschaften heranzuwagen und die Wirkung zu erproben (zu der Wirkung von Ich-Botschaften auf Kinder vgl. beide Werke von Gordon).

Die eigenen Grenzen respektieren

Erzieherinnen sagen immer wieder, dass es ihnen schwer fällt, sich gegenüber anderen wirkungsvoll abzugrenzen:

- »Manchmal habe ich das Gefühl, dass mir alles über den Kopf wächst. Alle wollen etwas von mir. Ich könnte an vier verschiedenen Stellen gleichzeitig sein!«
- »Ich fühle mich oft wie ein Packesel, auf den immer mehr aufgeladen wird!«
- »Eigentlich müssten Erzieherinnen vier Arme haben, damit sie allen Anforderungen auch gerecht werden können.«

Eigene Gefühle wahrnehmen und problematische Verhaltensmuster ändern

Erzieherinnen, die ihren Beruf ernst nehmen und versuchen, den Kindern, den Eltern, dem Team, dem Träger und anderen Personen, die mit dem Kindergarten in Verbindung stehen, gerecht zu werden, laufen Gefahr, sich zu verausgaben und im Laufe der Berufsjahre auszubrennen. Besonders Erzieherinnen, die Schwierigkeiten haben, sich anderen gegenüber abzugrenzen und eher dazu neigen, für andere zu sorgen, sich für andere einzusetzen und sich um deren Wohl zu kümmern, als auch auf die eigenen Bedürfnisse und Gefühle zu achten, sind davon betroffen.

Manche Erzieherinnen sind schockiert, wenn sie im Zusammenhang mit den Ich-Botschaften erkennen, wie weit sie sich in der Sorge um andere von sich selbst entfernt haben. Diese Erkenntnis ist jedoch wichtig, damit Veränderungen angestrebt werden können. Alte Verhaltensmuster lassen sich nicht abrupt ändern, aber es gibt die Möglichkeit, nach und nach Veränderungen zu bewirken.

Dazu drei Zitate von Erzieherinnen:

- »Wenn wieder alles auf mich einstürmt, versuche ich zu hören, was ich dabei empfinde. Wenn ich merke, dass ich in diesem Moment überfordert bin, sage ich dies auch den anderen, die gerade etwas von mir wollen. Letzthin habe ich mich getraut, dem Träger am Telefon zu sagen, dass ich im Moment nicht telefonieren kann, weil ich gerade in einem Gespräch mit einer Mutter bin. Er hat es akzeptiert und ich war sehr stolz auf mich, dass ich das geschafft habe.«
- »Ich habe gelernt, dass ich mich dann, wenn ich mich selbst und meine Gefühle wichtig nehme, besser abgrenzen kann. Früher war es üblich, dass eine Mutter sich ständig im Gruppenraum aufgehalten hat und einfach nicht gehen wollte. Ich wusste, dass sie sich zu Hause sehr allein fühlte und auf diese Weise den Kontakt zu mir gesucht hat. Ich wollte sie nicht vor den Kopf stoßen, aber andererseits waren ja auch immer die Kinder da, die mich brauchten und die meine Aufmerksamkeit forderten. Ich selbst hatte auch nicht unbedingt Lust, jeden Tag mit ihr zu reden. Eines Tages nun wurde mir klar, wie sehr ich mein eigenes Gefühl unterdrückte, um sowohl der Mutter als auch den Kindern gerecht zu werden. So entschloss ich mich, eine Ich-Botschaft zu senden. Ich erklärte ihr, was in mir vorging, und sagte etwa: ›Wenn wir jeden Vormittag so lange reden, komme ich sehr unter Druck, weil die Kinder ja auch meine Aufmerksamkeit brauchen. Vielleicht können wir eine andere Regelung finden.‹ Die Mutter hat es verstanden und so sind wir übereingekommen, dass sie manchmal im Kindergarten hilft und ich ihr außerdem sage, wenn ich Zeit für einen kleinen Plausch habe.«
- »Im Alltag ist es oft sehr schwer, den Kindern zuzuhören und auf sie einzugehen, besonders wenn Kolleginnen krank oder zur Fortbildung sind. An solchen Tagen bin ich sehr unzufrieden mit meiner Arbeit, weil ich den Kindern nicht gerecht werden kann. Aber ich habe mittlerweile gelernt, auf das halbvolle Glas zu schauen und nicht auf das halbleere Glas. Wenn ich an solchen Tagen zwei Kindern zugehört habe, ist das immer noch mehr, als wenn es kein Kind gewesen wäre.«

Das sind nur drei Beispiele für kleine Schritte, die Erzieherinnen auf dem Weg gewagt haben, sich selbst mehr wahrzunehmen, auf sich zu achten und sich wirkungsvoll abzugrenzen, ohne andere dabei zu kränken und zu verletzen.

Zusammenfassung

Feedback geben und nehmen geschieht im Alltag ständig beim Miteinanderkommunizieren. Das Annehmen von positivem Feedback ist für viele nicht leicht, noch schwerer fällt es ein kritisches Feedback auszuhalten. Allerdings ist es besser, Missstände beim Namen zu nennen, als sie mit sich herumzutragen. Ein professionell gegebenes kritisches Feedback sollte eine zu ertragende und gegebenenfalls auch angenehme Kommunikationssituation schaffen. Der Feedback-Empfänger sollte klar erkennen können, dass er als Person geachtet und geschätzt wird.

Hilfreich ist das Vermeiden von Du-Botschaften, die das Gegenüber schnell angreifen. Die Technik der dreigeteilten Ich-Botschaft erleichtert einen achtungsvollen Umgang miteinander. Indem man den drei Teilen (Beschreibung des nicht akzeptablen Verhaltens, dem damit verbundenen Gefühl und dem greifbaren Effekt) bei der Feedbackformulierung folgt, hat man seine eigenen Grenzen formuliert und dem Gegenüber deutlich seine eigene Wahrnehmung mitgeteilt.

Die eigenen Gefühle wahrnehmen zu lernen, sie wichtig zu nehmen und anderen Menschen mitzuteilen, ist ein Prozess, der Zeit braucht. Wichtig dabei sind die kleinen Schritte und der Mut, Veränderungen anzustreben und Schritt für Schritt zu wagen.

7.
Sich mit anderen auseinandersetzen – Mit Konflikten professionell umgehen

In diesem Kapitel erfahren Sie

- **dass Konflikte von vielen als belastend empfunden werden**
- **wie man im Team konstruktiv Konflikte löst**
- **wie man professionell Konflikte mit Eltern angeht**

7.1 Konflikte in Kita und Kindergarten

Um Konflikte in Kita und Kindergarten zu lösen, ist es sinnvoll sich zuerst einmal damit auseinanderzusetzen, was sie in einem selbst alles auslösen. Oft gibt es viele Ängste und Befürchtungen im Zusammenhang mit Konflikten. Auf der einen Seite ist es die Angst, abgewertet oder verletzt zu werden, auf der anderen Seite aber auch die Befürchtung, andere zu kränken und herabzusetzen.

Angesichts dieser überwiegend belastenden Gefühle, die sich im Zusammenhang mit Konflikten einstellen, ist es verständlich, dass Menschen es oft vermeiden, Konflikte überhaupt erst aufkommen zu lassen. Viele haben im Laufe ihres Lebens immer wieder die Erfahrung machen müssen, dass das Austragen von Konflikten eher zu einer Verschärfung der Konflikte beigetragen hat, als dass eine konstruktive Lösung erreicht werden konnte. Manche Menschen sind der Meinung, Konflikte dürften in einer guten Beziehung überhaupt nicht vorkommen. Sie tun deshalb alles, um Konflikte zu vermeiden bzw. sie nicht offen zutage treten zu lassen.

Ungelöste Konflikte lassen sich aber nicht aus der Welt schaffen, wenn nicht über sie gesprochen wird und sie stattdessen unter den Teppich gekehrt werden. Es verlangt allen Beteiligten viel Kraft ab, ständig ihren Ärger zu unterdrücken und mit der Wut im Bauch zu leben, ohne sich einmal Luft machen und die Ursachen für den Ärger beseitigen zu können.

Viele Menschen müssen sich verstellen, um ihre Gefühle zu verbergen, und richten ihr Handeln danach aus, wie sie glauben, dass der andere sie sehen möchte. Ihr Verhalten wirkt fassadenhaft und unecht, weil sie sich ständig kontrollieren müssen. Dazu kommt die Gefahr, dass die Kommunikation zweideutig wird, indem zum Beispiel der Gesichtsausdruck nicht mit der verbalen Reaktion übereinstimmt. Der Gesprächspartner weiß nicht mehr, woran er ist, und fragt sich, ob er nun auf die Worte oder den Gesichtsausdruck reagieren soll; die weitere Kommunikation kann das unter Umständen belasten.

Beispiel für einen Konflikt zwischen Praktikantin und Leitung im Kindergarten

Die Praktikantin ärgert sich schon seit längerer Zeit über die Gruppenleiterin, weil sie sich von ihr herumgeschickt und dadurch nicht ernst genommen fühlt. Aus Angst davor, nach Ablauf des Praktikums schlecht beurteilt zu werden, wagt sie es nicht, ihren Ärger der Gruppenleiterin gegenüber zum Ausdruck zu bringen.

Als die Gruppenleiterin sie eines Tages wieder in die Küche schickt, um etwas zu holen, sagt sie zwar »ja« und kommt dem Auftrag nach, zeigt aber durch ihren Gesichtsausdruck deutlich, wie verärgert sie in Wirklichkeit über das Verhalten der Gruppenleiterin ist.

Wenn Konflikte lange unterdrückt, Zorn und Ärger über einen langen Zeitraum aufgestaut werden, kann ein geringfügiger Anlass eine Art Explosion bei den Betroffenen hervorrufen. Dieser Anlass ist dann der Tropfen, der das Fass zum Überlaufen bringt. Die anderen, die oft nichts von dem schwelenden Konflikt bemerkt haben, sind dann vor den Kopf gestoßen und fragen sich, wie es sein kann, dass ein nichtiger Anlass solche starken Gefühlsausbrüche hervorrufen kann.

Nur ein offenes Gespräch kann helfen, konstruktiv und befriedigend mit Konflikten umzugehen. Aktives Zuhören und das Senden von Ich-Botschaften können dabei eine große Unterstützung sein.

Übung zu Gefühlen bei Konflikten

Die Teilnehmerinnen sitzen im Kreis, entweder auf Stühlen oder auf dem Boden. In der Mitte liegt ein großes Stück Papier. Es findet nun ein Brainstorming statt zu dem Thema: »Was fällt mir ein, wenn ich an Konflikte denke?«

Brainstorming bedeutet, dass jeder frei assoziieren kann, was ihm zu einem bestimmten Thema – in diesem Fall zum Thema Konflikt – einfällt. Die einzelnen Begriffe werden auf das Papier in der Mitte geschrieben.

Es ist wichtig, sich für diese Übung genügend Zeit und Raum zu nehmen, um zu überlegen und dem nachzuspüren, was die Gedanken an das Thema Konflikt auch gefühlsmäßig auslösen.

Das folgende Bodenplakat wurde in einer Fortbildungsgruppe von den Erzieherinnen erarbeitet.

Auswertung der Übung

Anhand des Bodenplakates wird deutlich, wie viele Gefühle sich mit dem Begriff Konflikt verbinden. Viele entwickeln körperliche Symptome, indem die Hände feucht werden, sich Kopfschmerzen einstellen, Herzklopfen auftritt und anderes mehr.

Im Folgenden werden zwei Konfliktsituationen dargestellt und Möglichkeiten aufgezeigt, wie Konfliktgespräche mithilfe von aktivem Zuhören und Ich-Botschaften konstruktiv geführt werden können. Beide Konflikte haben sich tatsächlich ereignet und wurden von den Teilnehmerinnen in unseren Kursen als Grundlage für Rollenspiele genommen.

Rollenspiele bieten eine gute Möglichkeit, Fallbeispiele aus der Praxis zu untersuchen, neue Formen der Gesprächsführung einzuüben und auf ihre Wirksamkeit und Realisierbarkeit hin zu überprüfen. Die Ergebnisse der Rollenspiele sollen im Folgenden dargestellt werden.

Im ersten Fallbeispiel geht es um einen Konflikt im Team, der durch eine Äußerung der Berufspraktikantin bei einer Teamsitzung offen zutage tritt. Das zweite Fallbeispiel betrifft einen Konflikt zwischen den Eltern und dem Team. Es geht um unterschiedliche Vorstellungen von Eltern und Erzieherinnen zum Thema »Vorschulerziehung«. Beide Beispiele zeigen, dass das aktive Zuhören und die Ich-Botschaften auch in Gruppen eine überaus konstruktive Wirkung haben.

7.2 Konfliktgespräch im Team

Das Team sitzt in der Kita zusammen, um über das bevorstehende Sommerfest zu reden. Die Teambesprechung geht dem Ende zu und die Leiterin will die Ergebnisse der Sitzung zusammenfassen. Plötzlich schlägt die Berufspraktikantin mit der Faust auf den Tisch und sagt lautstark: »Was ich sage, das zählt ja doch nicht und wird nicht beachtet!« Das Geschirr klappert auf dem Tisch, alle erschrecken und es wird still im Raum. Keiner sagt ein Wort, alle schauen nur ungläubig auf die Berufspraktikantin. Es entwickelt sich nun folgendes Gespräch im Team:

Leiterin: Wenn Sie so einen Wutausbruch bekommen, bin ich ziemlich schockiert und ratlos, weil ich nicht weiß, was ich damit anfangen soll. *(Ich-Botschaft)*

Praktikantin: Es tut mir leid, dass mir das passiert ist. Ich wollte die Gläser nicht umwerfen.

Leiterin: Es ist ja nichts weiter passiert. Aber Sie sind im Augenblick sehr wütend und haben sich über irgendwas geärgert. *(Aktives Zuhören)*

Praktikantin: Ja, ich habe das Gefühl, dass meine Beiträge nicht von Bedeutung für das Team sind.

Frau S.: Sie fühlen sich nicht genug von uns beachtet. *(Aktives Zuhören)*

2. Praktikantin: Das kann ich verstehen, weil es mir genauso geht. Ich merke immer mehr, dass nur das, was Frau D. und Frau S. sagen, etwas zählt, und wir genauso gut überhaupt nichts zu sagen brauchen.

Leiterin: Sie meinen, dass ich mehr Wert auf die Meinung von Frau D. und Frau S. lege und Ihre Meinung geringer schätze. *(Paraphrasieren)*

Beide Praktikantinnen nicken.

Leiterin: Im Moment fällt es mir schwer nachzuvollziehen, was Sie meinen. Können Sie mir ein Beispiel nennen? *(Bitte um weitere Erklärungen, Sachinhalt)*

Praktikantin: Zum Beispiel eben. Wir haben über das Sommerfest gesprochen und jeder sollte sagen, was er sich zu diesem Thema überlegt hat. Unsere Vorschläge wurden zwar angehört, aber überhaupt nicht diskutiert, während die Vorschläge von Frau S. und Frau D. gleich aufgegriffen wurden.

Leiterin: Jetzt verstehe ich, was Sie meinen. Frau S., Frau D. und ich arbeiten schon sehr lange zusammen und sind bereits ein eingespieltes Team. Ich habe, ehrlich gesagt, noch nie darüber nachgedacht, dass andere sich dadurch ausgeschlossen und missachtet fühlen könnten. *(Aktives Zuhören, Erklärungen)*

Praktikantin: Ja, wir haben keine Lust, uns Gedanken zu machen, um hinterher die Erfahrung machen zu müssen, dass unsere Beiträge sowieso nicht von Bedeutung sind und nichts zählen.

Frau D.: Ich denke, uns sind da Fehler unterlaufen, ohne dass wir darüber nachgedacht haben.

Praktikantin: Vielleicht kann man ja noch etwas ändern.

Leiterin: Ich denke, dass diese Sitzung für die Planung des Sommerfestes nicht allzu viel gebracht hat. Aber für unser Team war die Sitzung sehr wichtig und ich danke Ihnen, dass Sie so offen Ihre Meinung gesagt haben.
Praktikantin: Jetzt bin ich auch ziemlich erleichtert, weil ich etwas gesagt habe. Ich wollte es schon lange tun, hatte aber Angst davor, weil ich nicht wusste, wie ich mich ausdrücken sollte. Ich bin ja schließlich nur Praktikantin.
Frau S.: Das sehe ich nicht so. Es tut uns mal ganz gut, wenn in der Kita ein frischer Wind weht.
Leiterin: Die Mittagspause ist vorbei. Ich schlage vor, dass wir uns morgen noch mal zusammensetzen und besprechen, was wir nun am Sommerfest machen. Aber dann werden alle Vorschläge diskutiert.

Auswertung des Gespräches

Bei der geschilderten Teamsitzung entsteht zunächst eine sehr brisante Situation, als die Berufspraktikantin ihrem Ärger Luft macht und mit der Faust auf den Tisch haut. Der Konflikt bricht für die anderen Teammitglieder unvermittelt aus, während er tatsächlich schon längere Zeit unter der Oberfläche verborgen war. Die Praktikantin hat mit ihrer Enttäuschung und ihrem Ärger bisher hinter dem Berg gehalten, da sie sich nicht getraute, das Problem offen anzusprechen. In der Teamsitzung ist nun »das Fass übergelaufen« und die Praktikantin ist mit ihrem Ärger unkontrolliert herausgeplatzt.

Das übrige Team reagiert zunächst mit Betroffenheit und Entsetzen, keiner sagt ein Wort. Die Praktikantin ist selbst schockiert und es entsteht der Eindruck, als wolle sie das, was geschehen ist, am liebsten wieder rückgängig machen. Die Leiterin reagiert jedoch nicht mit Vorwürfen oder weist die Praktikantin wegen ihres Verhaltens zurecht. Auch die anderen Kolleginnen reagieren eher mit Betroffenheit und nicht mit Abwehr oder Schuldzuweisungen. Die Leiterin antwortet zunächst mit einer Ich-Botschaft und wendet im Gespräch immer wieder aktives Zuhören an. Auch die beiden anderen Kolleginnen hören aktiv zu und zeigen damit ihre Bereitschaft, auf die Praktikantinnen einzugehen.

Die Kolleginnen, die schon seit längerer Zeit zusammenarbeiten, geben durch dieses Gesprächsverhalten beiden Praktikantinnen die Möglichkeit, über ihr Anliegen zu sprechen. Durch die Offenheit der Praktikantinnen und die Gesprächsbereitschaft der Kolleginnen, die auch bereit sind, sich mit einer zwar unsachlich vorgebrachten, im Kern aber berechtigten Kritik selbstkritisch auseinanderzusetzen, ist es zu einer sehr befriedigenden Konfliktlösung gekommen.

In der realen Situation ist die Konfliktlösung an der mangelnden Gesprächsbereitschaft der Erzieherinnen gescheitert, die im Grunde keinen »frischen Wind« in der Kita wollten und deshalb die Ideen der Praktikantinnen eher als störend angesehen haben.

Gesprächsbereitschaft, Selbstreflexion, soziale Kompetenz und Übung ermöglichen konstruktive Konfliktlösungen

An diesem Beispiel wird deutlich, wie wichtig Gesprächsbereitschaft und die kritische Auseinandersetzung mit der eigenen Person sind – auch dann, wenn Kritik unangemessen und unsachlich vorgetragen wird.

Ferner wird deutlich, dass es ein hohes Maß an sozialer Kompetenz und Übung erfordert, Konflikte konstruktiv auszutragen und zu lösen. Diese Art der Konfliktlösung ist erreichbar, wenn die am Konflikt Beteiligten bereit sind, Kritik anzunehmen, über sich nachzudenken, den anderen zuzuhören und sie mit ihren Anliegen ernst zu nehmen. Fehler zugeben zu können ist ein Zeichen von innerer Stärke und keineswegs von Schwäche, wie viele von uns fälschlicherweise gelernt haben. Ebenso wichtig ist es, anderen Menschen Fehler zugestehen zu können und ihnen die Möglichkeit zu geben, ihre Fehler wieder gut zu machen. Vielleicht kann dieses Beispiel Mut machen, auch einmal im eigenen Team über konstruktive Möglichkeiten der Konfliktbewältigung nachzudenken und dabei aktives Zuhören und Ich-Botschaften anzuwenden.

Es gibt jedoch auch Teams, bei denen die Kommunikation untereinander sehr festgefahren ist und die einzelnen Teammitglieder kaum mehr miteinander reden können. In diesem Fall kann es sinnvoll sein, sich einen Supervisor oder einen anderen Außenstehenden zu suchen und mit dessen Hilfe zu versuchen, wieder zu einer besseren Verständigung und zu einer gemeinsamen Arbeitsgrundlage zu kommen.

7.3 Konfliktgespräch zwischen Team und Eltern

Seit längerer Zeit schwelt im Kindergarten ein Konflikt zwischen der Elternschaft und dem Team. Es geht um die Vorschulerziehung. Die Eltern stehen beim Abholen vor der Tür und teilen sich gegenseitig ihren Unmut über die pädagogische Arbeit im Kindergarten mit. Sie sind der Meinung, dass im Kindergarten zu viel gespielt und zu wenig gelernt wird. Das Team entschließt sich deshalb, einen Elternabend anzuberaumen und auch den Träger (Pfarrer) dazu einzuladen. Der Elternabend entwickelt sich folgendermaßen:

Pfarrer: Ich begrüße Sie alle sehr herzlich zu unserem Elternabend zum Thema »Vorschulerziehung im Kindergarten«. Um endlich alle Unstimmigkeiten zu beseitigen, ist es uns wichtig gewesen, alle Betroffenen an einen Tisch zu holen und gemeinsam über die anliegenden Probleme zu sprechen. Vielleicht sollten zuerst die Eltern zu Wort kommen.

Mutter: Ich möchte zunächst einmal meine Unzufriedenheit über die Arbeit im Kindergarten zum Ausdruck bringen. Ich frage mich, was Sie überhaupt den ganzen Tag über machen.

Mutter: Da bin ich ganz Ihrer Meinung. Im Kindergarten in P. bringen die Kinder fast jeden Tag etwas Gebasteltes mit nach Hause.

Vater: Ja, und dann die Vorschulerziehung! Die Kinder können hier anscheinend machen, was sie wollen. Als unser Ältester im Kindergarten war, da wurde wirklich noch etwas gelernt.
Mutter: Und wenn schönes Wetter ist, sitzen die Erzieherinnen in der Sonne und lassen die Kinder spielen. So einen Job möchte ich auch mal haben.
Leiterin: Wenn Sie alle auf einmal so auf uns einreden und dem Team so massive Vorwürfe machen, fühle ich mich abgewertet und klein gemacht. Ich frage mich, wie wir so zu einem befriedigenden Gespräch kommen sollen.
(Ich-Botschaft)
Vater: Sie müssen schließlich verstehen, dass sich bei uns in der letzten Zeit einiger Ärger angestaut hat, den wir hier auch mal zur Sprache bringen müssen.
Leiterin: Das verstehe ich gut. Auf der anderen Seite hat es uns in der letzten Zeit sehr zu schaffen gemacht, dass die Eltern nur untereinander über den Kindergarten gesprochen haben, weil wir uns dadurch zu den einzelnen Kritikpunkten nicht äußern konnten. *(Ich-Botschaft)*
Pfarrer: Ich habe den Eindruck, dass sich in der letzten Zeit auf beiden Seiten einiger Ärger aufgestaut hat. Deshalb ist es wichtig, jetzt endlich über die strittigen Punkte zu sprechen.
Erzieherin: Sie machen sich also Sorgen, ob die Kinder später in der Schule zurechtkommen werden. *(Aktives Zuhören)*
Mutter: Ja, genau. Die Anforderungen werden immer höher und ich finde, man kann überhaupt nicht früh genug damit anfangen, die Kinder auf die Schule vorzubereiten.
Mutter: Immer, wenn ich Michaela frage, was sie im Kindergarten macht, sagt sie: »Nichts«.
Erzieherin: Kinder reagieren oft so, weil sie vielleicht im Moment nicht darüber reden wollen oder es ihnen nicht gleich auf Anhieb einfällt. Gerade Michaela ist ein ausgesprochen aktives Kind im Kindergarten. *(Sachinformation)*
Mutter: Ja wirklich?
Leiterin: Ich glaube, es ist wichtig, dass wir Ihnen einfach einmal mehr über unsere Arbeit im Kindergarten erzählen. Dabei möchte ich gleich auf die Vorschulerziehung eingehen, weil ich den Eindruck habe, dass Ihnen dieser Punkt besonders am Herzen liegt. *(Aktives Zuhören)*
Eltern nicken.
Erzieherin: Früher wurde in diesem Kindergarten Vorschulerziehung mithilfe von Arbeitsmappen und -blättern durchgeführt. Aber mittlerweile haben wir andere Formen in der Arbeit entwickelt, durch die wir unserer Meinung nach die Kinder noch sinnvoller fördern können.
Vater: Aber bei den Mappen wusste man wenigstens, woran man war. Da haben die Kinder ausgeschnitten und gebastelt, sie haben Schreibschwungübungen gemacht und wir Eltern haben zu Hause auch mal Ergebnisse gesehen.

Außerdem konnten die Kinder Stillsitzen üben, was ja in der Schule später wichtig ist.

Erzieherin: Alles, was Sie an positiven Seiten der Mappen aufführen, haben auch wir bei unserem Konzept im Auge. Ich möchte Ihnen das gerne an einem Beispiel verdeutlichen.

Eltern nicken.

Erzieherin: Sie wissen, dass wir seit zwei Monaten das Projekt »Umweltschutz« im Kindergarten durchführen.

Mutter: Ja, Leander hat so was erzählt.

Erzieherin: Im Rahmen dieses Projektes führen wir mit den Kindern die verschiedensten Aktivitäten durch. Dazu gehören Gruppengespräche, Bilderbuchbetrachtungen, Bastelarbeiten, Exkursionen, zum Beispiel zur Mülldeponie, um nur einiges zu nennen. Die Kinder sitzen bei den meisten dieser Aktivitäten, genauso wie bei den Arbeitsmappen, über einen längeren Zeitraum still, lernen bei den Bastelarbeiten zu diesem Thema, exakt aufzumalen und auszuschneiden. Im Unterschied zu den Arbeitsmappen, die wir früher verwendet haben, sind diese Aktivitäten aber eingebunden in einen thematischen Zusammenhang, an dem die Kinder interessiert sind.

(Sachinformationen)

Vater: Das klingt eigentlich ganz einleuchtend.

Erzieherin: Ich möchte Ihnen zur Veranschaulichung gerne einmal den kleinen Mülleimer zeigen, den wir in diesem Zusammenhang mit den Kindern hergestellt haben *(zeigt den Mülleimer)*. Wenn Sie ihn sich anschauen, können Sie feststellen, wie exakt die Eimer aufgemalt und zugeschnitten sein müssen, damit am Schluss alle Teile zusammenpassen. *(Sachinformationen)*

Mutter: Mussten denn alle Kinder einen Mülleimer basteln? Ich kann mich nicht erinnern, dass Irena so einen Eimer mit nach Hause gebracht hätte.

Leiterin: Alle Mülleimer sind im Kindergarten geblieben und werden von den Kindern auch gerne für kleinere Papierabfälle benutzt. Die Kinder sind sehr stolz darauf und werden so langsam zu einem verantwortlichen Umgang mit dem Müll erzogen. *(Sachinformationen)*

Pfarrer: Ich denke, das Thema ist ja von großer Bedeutung für uns alle.

Vater: Das ist ja alles schön und gut, aber ich finde trotzdem, dass dieses Thema nach zwei Monaten nun wirklich erschöpfend behandelt worden ist.

Erzieherin: Nach unserer Vorstellung soll dieses Thema übergeordnet noch lange Zeit im Kindergarten weitergeführt werden, da es so bedeutsam ist und die Kinder immer wieder zu einem bewussten Umgang mit Umweltschutzfragen erzogen werden sollen. Ich höre jedoch aus Ihrer Frage heraus, dass Sie besorgt sind, dass andere Themen zu kurz kommen. *(Sachinformationen, Aktives Zuhören)*

Vater: Es gibt schließlich noch mehr Themen.

Leiterin: Das Thema »Umweltschutz« ist, wie schon erwähnt, ein übergeordnetes Thema. Es ist bei uns so, dass oft mehrere Projekte nebeneinander laufen, je nachdem, welche Themen gerade für die Gruppe von Bedeutung sind. *(Sachinformation)*

Mutter: Können Sie das mal näher erklären?

Erzieherin: Im Augenblick werden wieder neue Kinder in die Gruppe aufgenommen, die besondere Unterstützung brauchen. Eines unserer laufenden Projekte heißt also »Integration der neuen Kinder in die Gruppe.« Jedes neue Kind hat ein Patenkind bekommen, um ihm den Einstieg im Kindergarten zu erleichtern. Die Patenkinder lernen auf diese Art, Verantwortung mitzutragen und sich um ein anderes Kind zu kümmern. Andere Aktivitäten sind zum Beispiel Rollenspiele und Gruppengespräche zu diesem Thema. Es kann beispielsweise der Frage nachgegangen werden, wie man sich selbst als neues Kind in der Gruppe gefühlt hat. *(Sachinformation)*

Mutter: Eigentlich ist es heute das erste Mal, dass ich ein wenig Einblick in die Arbeit im Kindergarten bekommen habe.

Leiterin: Ich freue mich, wenn es uns gelungen ist, Ihnen mehr Einblick in unsere Arbeit zu geben. Ich schlage vor, dass wir weiter im Gespräch bleiben und wir in der nächsten Zeit Elternabende zu den verschiedenen Projekten anbieten. Dann haben Sie auch Gelegenheit, noch offene Fragen anzusprechen. Außerdem haben Sie die Möglichkeit, im Kindergarten zu hospitieren, um sich selbst einen unmittelbaren Eindruck von unserer Arbeit zu verschaffen. *(Versprachlichung des eigenen Gefühls, Sachinformationen, Angebot zur weiteren Zusammenarbeit)*

Vater: Ich denke, der Abend war sehr informativ, aber es sind, wie Sie sagen, sicher noch einige Fragen offen geblieben.

Pfarrer: Den Vorschlag der Erzieherinnen, die verschiedenen Projekte an weiteren Elternabenden ausführlicher darzustellen, finde ich gut, und auch das Angebot, im Kindergarten zu hospitieren. Wenn auch nicht alle Fragen und Unklarheiten ausgeräumt sind, ist doch eine Basis für eine weitere Zusammenarbeit entstanden.

Auswertung des Gespräches

Nach den einleitenden Worten des Pfarrers wird das Team von den Eltern in scharfer und unsachlicher Form kritisiert. Die Leiterin reagiert darauf, indem sie die Eltern zunächst reden lässt und dann eine Ich-Botschaft sendet. Sie lässt sich nicht in eine Verteidigungshaltung drängen und reagiert nicht genauso unsachlich wie die Eltern. Mit der Ich-Botschaft macht sie den Eltern deutlich, was ihr im Augenblick missfällt, was gefühlsmäßig in ihr vorgeht und welche Auswirkungen das Verhalten der Eltern möglicherweise hat.

Den Eltern ist damit schon der erste Wind aus den Segeln genommen, weil sich die Leiterin in keiner Weise so verhält, wie sie es erwartet haben. Der Vater macht im Anschluss an die Ich-Botschaft keine weiteren Vorwürfe, sondern versucht, das Verhalten der Eltern zu erklären. Das Gespräch hat schon zu diesem Zeitpunkt ein wenig die Richtung gewechselt und den Eltern wird klar, wie verletzend und wenig konstruktiv der Einstieg in das Gespräch von ihrer Seite aus war. Die Leiterin reagiert auf die Äußerung des Vaters verständnisvoll, macht aber mit ihrer zweiten Ich-Botschaft auf akzeptable Weise deutlich, dass auch sie in der letzten Zeit nicht mit dem Verhalten der Eltern einverstanden war, und was das Verhalten der Eltern für sie bedeutet hat.

- Der Pfarrer greift das, was beide Seiten vorgebracht haben, auf und fordert alle Beteiligten auf, endlich miteinander zu reden, um die bestehenden Unklarheiten zu beseitigen.
- Die Erzieherin wendet aktives Zuhören an und signalisiert damit den Eltern, dass sie bereit ist, zuzuhören und sich mit den Sorgen der Eltern auseinanderzusetzen.
- Die Eltern können nun ihre wirklichen Ängste und Befürchtungen vorbringen und die Erzieherinnen haben die Gelegenheit, ihr pädagogisches Konzept darzustellen und auf die Fragen der Eltern einzugehen.

Gute Konfliktlösungen setzen beiderseitige Wertschätzung voraus

Bei allen Diskussionen mit Eltern über die pädagogische Arbeit im Kindergarten ist es unbedingt erforderlich, dass die Eltern sich ernst genommen und verstanden fühlen. Es kommt oft vor, dass sich hinter dem lautstark geäußerten Ärger der Eltern in Wirklichkeit die Sorge um die Kinder verbirgt. Es ist daher wichtig, die tatsächlichen Gefühle der Eltern herauszuhören und darauf einzugehen. Ebenso ist es auch wichtig, sich gegenüber unangemessenen Forderungen und unsachlicher Kritik abzugrenzen. Ich-Botschaften bieten dafür eine gute Möglichkeit, weil dadurch das Spiel von Beschuldigung und Gegenbeschuldigung, von Vorwurf und Gegenvorwurf unterbrochen und eine mehr sachliche Dimension in die erhitzte Diskussion eingebracht wird.

Gleichzeitig machen Ich-Botschaften den Konfliktpartnern deutlich, dass es bei allem Ärger und Unmut wichtig ist, die persönlichen Grenzen des anderen zu respektieren und ihn nicht herabzusetzen und zu beleidigen.

Sachargumente sind notwendig

In dem Gesprächsbeispiel haben Ich-Botschaften und aktives Zuhören außerdem dazu beigetragen, dass die Möglichkeit für eine Auseinandersetzung auf der Sachebene geschaffen wurde. Die Erzieherinnen waren auf dieses Gespräch fachlich sehr gut vorbereitet und haben es verstanden, durch praktische Beispiele den Eltern ihre Arbeit im Kindergarten transparent zu machen. Es wäre nicht möglich gewesen, diesen Konflikt nur mit aktivem Zuhören und Ich-Botschaften zu lösen. Die Eltern hätten sich dann nicht ernst genommen gefühlt und wären noch mehr verärgert gewesen, denn sie haben ein Recht darauf, zu erfahren, wie die pädagogische Arbeit im Kindergarten gestaltet wird.

Auch durch dieses Beispiel ist deutlich geworden, dass es möglich ist, mithilfe von aktivem Zuhören und Ich-Botschaften Konflikte konstruktiv anzugehen und zu lösen. In diesem Fall spielten jedoch auch die Sachargumente eine außerordentlich wichtige Rolle.

Wichtig war auch, dass das Team an einem Strang zog und den Eltern gemeinsam die pädagogische Arbeit des Kindergartens erklären konnte. Es ist sehr schwierig, die pädagogische Arbeit vor anderen einleuchtend und glaubwürdig zu vertreten, wenn im Team selbst keine Einigkeit herrscht, Konkurrenz untereinander besteht und auf diese Weise keine gemeinsame Basis für die Eltern erkennbar wird.

Zusammenfassung

Grundvoraussetzung für ein konstruktives Konfliktgespräch sind Gesprächsbereitschaft und die Bereitschaft, sich mit der eigenen Person auseinanderzusetzen. Das gilt für alle Beteiligten, es erfordert ein hohes Maß an sozialer und empathischer Kompetenz, Kritik anzunehmen und andere in ihrem Anliegen ernst zu nehmen.

Hilfreich bei dem Gespräch sind die Techniken der Ich-Botschaft und des aktiven Zuhörens. Mit der Ich-Botschaft formuliert man die eigenen Grenzen, die man von seinem Gegenüber respektiert wissen will, das aktive Zuhören eröffnet Raum zum Zuhören und Anhören der Hintergründe, die möglicherweise hinter einem Vorwurf stecken können. Es wird eine Atmosphäre geschaffen, die auf eine sachliche Auseinandersatzung mit dem Konflikt hinausläuft. Das bedeutet auch, dass in der Vorbereitung auf ein Konfliktgespräch die thematisch-sachlichen Argumente zusammengestellt werden sollten.

Konstruktive Konfliktgespräche sind getragen von Achtung, Respekt und Wertschätzung, alle Beteiligten streben nach einer Verständigung. Ist das als Voraussetzung nicht mehr gegeben, sollte Hilfe von außen hinzugezogen werden, um festgefahrene Situationen aufzulösen.

8.

Das Gespräch mit Eltern suchen – Einen Gesprächstermin wahrnehmen

In diesem Kapitel erfahren Sie

- **dass eine gute Vorbereitung ein Beratungsgespräch trägt**
- **wie Sie als Erzieherin mit typischen Schwierigkeiten umgehen können**
- **wie Sie mit dem Wissen um Gesprächsführung partnerschaftlich und professionell mit Eltern reden können**

8.1 Hilfen zur Vorbereitung auf ein Gespräch

Im Kindergartenalltag ist es immer wieder notwendig, das Gespräch mit den Eltern zu suchen. Regelmäßige Entwicklungsgespräche sind von großer Bedeutung für die Erziehungsberechtigten. Sie erfahren, wie es den Kindern in der Einrichtung geht, was sie gerne oder auch weniger gerne machen, auf welchem Entwicklungsstand sich die Kinder befinden. Diese Gespräche geben den Eltern das Gefühl, dass ihre Kinder in der Einrichtung gesehen und wahrgenommen werden. Portfolios sind eine gute Ergänzung und machen die Schilderungen der Erzieherinnen zum Entwicklungsstand der Kinder anschaulich.

Gespräche sind auch dann notwendig wenn das Kind im Kindergarten auffällig wird und Hilfe braucht. Manche Kinder sind unkonzentriert und können nicht bei der Sache bleiben, andere entwickeln sich in der Motorik nicht altersgemäß oder es treten Sprachstörungen bei ihnen auf. Manche verhalten sich ständig aggressiv gegenüber den anderen Kindern und wieder andere ziehen sich auffällig zurück, um nur einige Beispiele zu nennen.

Erzieherinnen stehen nun vor der Aufgabe, das Gespräch mit den Eltern zu suchen, um mit ihnen über ihr Kind zu sprechen. In unseren Kursen beschreiben sie oft eine große eigene Unsicherheit in Bezug auf Beratungsgespräche, die auf ihre Initiative hin stattfinden sollen. Sie wissen nicht, wie sie so mit den Eltern reden können, dass wirklich alles, was notwendig ist, zur Sprache kommt, zugleich die Eltern aber nicht vor den Kopf gestoßen und verletzt werden. Eltern können sehr betroffen reagieren, wenn es um ihr Kind geht, sie fühlen sich möglicherweise auch in ihrer Rolle als Eltern angegriffen. Es kann vorkommen, dass Eltern versuchen, das Problem zu bagatellisieren, um sich nicht weiter damit auseinandersetzen zu müssen. Bagatellisierungen sind nicht in jedem Fall Ausdruck von Gleichgültigkeit, sondern es kann sich dahinter auch eine tiefe Sorge der Eltern um ihr Kind verbergen.

Oft erzählen Erzieherinnen in den Kursen von Eltern, die Auffälligkeiten bei ihren Kindern leugnen, obwohl sie für jeden anderen augenfällig sind. Es fällt manchen Eltern unsagbar schwer, die Realität so anzuerkennen, wie sie ist, und sie helfen sich deshalb, indem sie die Probleme nicht an sich herankommen lassen und möglicherweise auch wirklich nicht sehen wollen.

Voraussetzung für jedes Gespräch, das Erzieherinnen mit Eltern führen, ist die Schweigepflicht. Eltern müssen sicher sein können, dass das, was sie im Gespräch sagen, auch bei der Erzieherin bleibt und nicht nach außen getragen wird.

Es ist nicht einfach, mit Eltern über auffälliges Verhalten ihres Kindes im Kindergarten zu reden. Deshalb ist es wichtig, sich gut auf Elterngespräche vorzubereiten und möglicherweise auch mit Kolleginnen darüber zu sprechen. Eine gute Planung kann das Gespräch sehr erleichtern.

1. Die Inhalte des geplanten Gespräches

- Was möchte ich den Eltern inhaltlich sagen?
- Was sind meine Beobachtungen?
- Ist es sinnvoll, mit Kolleginnen über meine Beobachtungen zu sprechen und sie auf diese Weise noch einmal zu überprüfen?
- Was genau ist der Anlass für das von mir als notwendig angesehene Gespräch?
- Gibt es wichtige Einzelheiten oder Beispiele, mit denen ich den Eltern verdeutlichen kann, was ich meine?

Zunächst ist es sehr wichtig, sich darüber klar zu werden, was wir in dem Gespräch wirklich sagen wollen, und uns zu überlegen, wie wir den Eltern unsere Beobachtungen anhand von Beispielen näher erläutern können. Es kann hilfreich sein, sich vorher ein paar Notizen dazu zu machen, die später auch im Gespräch verwendet werden können. Diese Vorgehensweise kann uns im Gespräch unterstützen, nicht den roten Faden zu verlieren und keine wesentlichen Inhalte zu vergessen.

Erzieherinnen, die mit Gesprächsnotizen arbeiten, können das den Eltern erklären: »Ich habe mir vorher ein paar Notizen gemacht, damit ich bei unserem Gespräch nichts vergesse!« Eltern werden dann durch die Notizen der Erzieherin nicht verunsichert, sondern fühlen sich als Gesprächspartner ernst genommen.

2. Die Ziele des Gespräches

- Was möchte ich mit dem Gespräch erreichen?
- Welches sind meine Ziele?
- Sind die Ziele realistisch oder vielleicht zu hoch gesteckt?
- Ist es sinnvoll, darüber im Team oder mit einer Kollegin zu sprechen?

Bei der Vorbereitung auf ein Gespräch ist es außerdem wichtig, zu überlegen, was mit dem Gespräch erreicht werden soll und ob die Ziele wirklich realistisch sind. Es ist notwendig, sich darüber klar zu werden, dass die angestrebten Ziele unter Umständen nicht erreicht werden können, weil die Eltern vielleicht nicht mitarbeiten oder dem Problem keine besondere Bedeutung beimessen. Die Verantwortung der Erzieherin liegt darin, das Gespräch mit den Eltern zu suchen und zur Zusammenarbeit bereit zu sein. Die Eltern jedoch tragen die Verantwortung dafür, ob sie sich zu einer Zusammenarbeit mit der Erzieherin entschließen wollen. Insofern hängt das Erreichen der Ziele nicht nur von der Erzieherin ab, sondern auch von der Bereitschaft der Eltern, sich zu öffnen und mit dem Kindergarten zusammenzuarbeiten.

3. Sich über die eigenen Gefühle klarwerden

- Welche Gedanken und Gefühle habe ich, wenn ich an das Gespräch denke?
- Was weiß ich selbst von den Eltern, was habe ich vielleicht nur von anderen gehört?
- Habe ich möglicherweise Angst, wenn ich an das Gespräch denke, oder fällt es mir leicht, mit den Eltern zu reden?
- Was erwarte ich, wie die Eltern möglicherweise auf das Gespräch reagieren werden?

Bei der Vorbereitung auf ein Gespräch ist es sehr hilfreich, in sich selbst hineinzuhören und sich der Gefühle bewusst zu werden, die bei dem Gedanken an das Gespräch auftauchen. Es kann auch vorkommen, dass körperliche Beschwerden auftreten. Manche Erzieherinnen berichten von Bauchschmerzen, wenn sie an ein bestimmtes Gespräch denken, bei anderen reagiert der Magen oder sie bekommen Kopfschmerzen.

Die Gefühle gegenüber den Eltern haben immer auch etwas mit der Beziehung zu tun, die sich zu den Eltern entwickelt hat. Manchmal kann es hilfreich sein, seine Einstellung zu den Eltern zu überprüfen und genau zu überlegen, weshalb bestimmte Bilder und Meinungen über sie entstanden sind. Vielleicht sind sie nur aufgrund der Erzählungen von anderen entstanden oder aufgrund bestimmter Verhaltensweisen und Eigenarten, mit denen wir selbst gefühlsmäßig nicht klarkommen.

Wenn ein sehr schwieriges Gespräch zu erwarten ist, weil befürchtet werden muss, dass die Eltern sich nicht kooperativ verhalten, kann es hilfreich sein, das anstehende Gespräch im Rollenspiel mit einer Kollegin zu erproben. Dabei spielt die Erzieherin, die das Gespräch führen wird, die Eltern – mit allen Verhaltensweisen, die sie von der Mutter und dem Vater bei dem Gespräch erwartet. Die Kollegin übernimmt die Beraterrolle. Erzieherinnen in unseren Kursen haben diese Vorgehensweise als sehr konstruktiv erlebt, weil sie sich dadurch viel besser in die Mutter oder den Vater hineinversetzen und gleichzeitig die eigene innere Anspannung ein Stück weit abbauen konnten. Außerdem kann die Kollegin, die die Beraterrolle übernimmt, möglicherweise wichtige Anregungen für das Gespräch geben, weil sie nicht selbst von der Situation betroffen ist und sich unvoreingenommen und unbelastet im Rollenspiel verhalten kann.

4. Der Einstieg in das geplante Gespräch

- Wie fange ich das Gespräch an?
- Beginne ich mit der Schilderung der Sachlage und beschreibe den Eltern meine Beobachtungen?
- Beginne ich damit, dass ich ein eigenes Gefühl zum Ausdruck bringe, zum Beispiel die Sorge um das Kind oder Erleichterung, dass das Gespräch stattfindet?
- Oder ist es sinnvoll, das Gespräch mit aktivem Zuhören zu beginnen?

Bei der Vorbereitung auf ein Gespräch ist es vorteilhaft, sich den Einstieg in das Gespräch zu überlegen. Dafür gibt es drei Möglichkeiten, die sich als besonders günstig erwiesen haben: Die Schilderung der Sachlage, die Versprachlichung der eigenen Gefühle oder das aktive Zuhören.

1. Beispiel: Schilderung der Sachlage

Die erste Möglichkeit besteht darin, die Sachlage anschaulich anhand von Beispielen zu schildern: »In der letzten Zeit fällt mir auf, dass Marie immer stiller und zurückgezogener ist. Sie nimmt kaum mehr Kontakt zu den anderen Kindern auf. Wenn ich sie anspreche, schaut sie mich nicht an und gibt auch nur kurze Antworten.«

2. Beispiel: Versprachlichung der eigenen Gefühle

Die zweite Möglichkeit, ein Gespräch zu beginnen, liegt in der Versprachlichung der eigenen Gefühle. Die Erzieherin bringt zum Ausdruck, was sie selbst empfindet.

Erzieherin: »Ich bin im Augenblick sehr besorgt um Pavel und habe Sie deshalb zu diesem Gespräch eingeladen.« (Versprachlichung des eigenen Gefühls) – Vater: »Wieso denn das?« – Erzieherin: »Ich beobachte in der letzten Zeit, dass die anderen Kinder nicht mehr so gerne mit ihm spielen, weil er sehr schnell wütend wird und dann die anderen Kinder schlägt und tritt. Pavel ist mir sehr wichtig und ich mag ihn gern. Deshalb liegt mir sehr daran, mit Ihnen darüber zu reden.« (Schilderung der Sachlage, Versprachlichung des Gefühls)

3. Beispiel: Aktives Zuhören

Als dritte Möglichkeit kann es günstig sein, mit aktivem Zuhören zu beginnen.

Erzieherin: »Sie sind im Augenblick wahrscheinlich sehr besorgt, weil ich Sie zu diesem Gespräch eingeladen habe.« – Mutter: »Seit wir am Dienstag den Termin ausgemacht haben, denke ich darüber nach, was mit Jana los sein könnte und weshalb Sie mich sprechen wollen.« – Erzieherin: »Ich hätte auch lieber gleich mit Ihnen geredet. Aber andererseits ist mir auch daran gelegen, in Ruhe mit Ihnen zu sprechen und nicht zwischen Tür und Angel, wenn auch noch andere Mütter dabei sind.« – Mutter: »Also, worum geht es denn nun?«

Manche Erzieherinnen stellen bei der Auswertung von Rollenspielen fest, in denen der Einstieg in ein Gespräch geübt wird, dass sie sehr lange zögern, bevor sie auf ihr eigentliches Anliegen zu sprechen kommen, weil sie befürchten, mit der Tür ins Haus zu fallen. Sie schildern zunächst ausführlich die Fähigkeiten und besonderen Stärken des Kindes, um bei den Eltern nicht den Eindruck aufkommen zu lassen, dass ihr Kind nur schwierig ist und sich nur auffällig verhält.

Es ist sehr wichtig, sich immer auch die Stärken eines Kindes ins Bewusstsein zu rufen und diese den Eltern mitzuteilen. Denn es gibt kein noch so auffälliges Kind, das nicht zugleich seine Stärken hat und in dieser Hinsicht Anerkennung und Respekt verdient. Die Schilderung der Fähigkeiten eines Kindes ist jedoch zu Beginn des Gespräches, das aus einem ganz anderen Grund geführt werden soll, problematisch. Die Eltern wissen in aller Regel, dass sie nicht zu dem Gespräch eingeladen worden sind, damit die Erzieherin ihre Anerkennung des Kindes zum Ausdruck bringen kann. Der Termin ist ja meistens schon einige Tage vorher zwischen Erzieherin und Eltern vereinbart worden und die Eltern kommen nach dieser Zeit des Wartens häufig mit einiger Anspannung zu dem Gespräch.

Erzieherinnen, die im Rollenspiel die Mutter oder den Vater gespielt haben und erst einige Zeit warten mussten, bis die Erzieherin auf ihr eigentliches Anliegen zu sprechen kam, berichten in der anschließenden Auswertung, dass sie immer ungeduldiger und angespannter wurden. Sie wollten möglichst schnell wissen, worin der Anlass für das Gespräch bestand. Wenn die Erzieherin zu lange zögert, fühlen sich die Eltern hingehalten und fragen sich, wann die Erzieherin endlich zur Sache kommt und aufhört, »wie die Katze um den heißen Brei herumzuschleichen«.

5. Die Rahmenbedingungen des Gespräches

- Welchen Rahmen kann ich schaffen, damit das Gespräch in einer förderlichen Atmosphäre stattfindet?
- Welcher Raum steht zur Verfügung?
- Welche Zeit ist günstig?
- Was müssen möglicherweise für Vorbereitungen getroffen werden, um im Raum eine angenehme Atmosphäre zu schaffen?

Bei der Vorbereitung auf ein Gespräch ist es auch wichtig, eine Atmosphäre zu schaffen, in der sich Eltern und Erzieherin wohlfühlen können und ungestört sind. Es sollte daher möglichst ein Raum gefunden werden, in dem kein Telefon steht. Das Klingeln des Telefons ist außerordentlich störend und bringt immer wieder eine Unterbrechung. Wenn kein anderer Raum zur Verfügung steht, kann der Apparat für die Zeit des Gespräches leiser gestellt werden. Es ist vielleicht möglich, dem Anrufer zu sagen, dass gerade ein Gespräch stattfindet und er anschließend zurückgerufen wird.

8.2 Typische Schwierigkeiten im Gespräch mit Eltern

Einige Schwierigkeiten werden in den Kursen mit den Erzieherinnen immer wieder genannt. Häufig ist der Altersunterschied zwischen Eltern und Erzieherinnen ein Thema, die Ausbildung oder der Bildungsgrad, und auch die Frage nach den Gesprächsteilnehmern spielen eine Rolle bei der Gesprächsplanung.

»Sie sind ja noch viel zu jung, um mitreden zu können!«

Junge Erzieherinnen scheuen sich oft, das Gespräch mit den Eltern zu suchen, weil sie befürchten, aufgrund ihres Alters nicht für voll genommen und als inkompetent angesehen zu werden. Wenn Eltern sich so oder ähnlich äußern, ist es sinnvoll, offen darauf einzugehen und mit den Eltern darüber zu reden.

Beispiel: Ältere Mutter zur jüngeren Erzieherin

Mutter: Sie haben gut reden! Warten Sie mal, bis Sie älter sind und selbst Kinder haben.
Erzieherin: Es fällt Ihnen schwer, mit mir zu reden, weil ich noch so jung bin und keine Kinder habe. *(Aktives Zuhören)*
Mutter: Das ja nun auch wieder nicht, aber Sie können das überhaupt nicht verstehen.
Erzieherin: Sie befürchten, dass ich überhaupt nicht verstehen kann, was in Ihnen vorgeht. *(Aktives Zuhören)*
Mutter: Ja, stellen Sie sich doch mal vor: Ich habe drei Kinder, muss arbeiten gehen und noch den ganzen Haushalt allein machen. Und jetzt sagen Sie, dass Mia zu kurz kommt.
Erzieherin: Sie geben sich die größte Mühe, um allem gerecht zu werden, und sind jetzt wütend auf mich, weil Sie denken, ich mache Ihnen Vorwürfe. *(Aktives Zuhören)*
Mutter: Ja, genau.
Erzieherin: Sie haben Recht, dass ich die Situation, in der Sie sich im Augenblick befinden, noch nicht selbst erlebt habe. Aber ich wollte Ihnen keine Vorwürfe machen und Sie in diesem Gespräch nicht kränken oder abwerten. Mir geht es darum, wie Mia geholfen werden kann. Vielleicht können wir auch überlegen, wie wir Sie vom Kindergarten aus noch mehr unterstützen können.

Das Gespräch kann an dieser Stelle ganz unterschiedlich weitergehen. Wichtig war, dass die Erzieherin sich nicht gekränkt zurückgezogen hat oder in eine Verteidigungshaltung gegangen ist. Die Erzieherin hat die Bedenken der Mutter ernst genommen, sie mithilfe des aktiven Zuhörens offen angesprochen, das Gespräch also konstruktiv weitergebracht. In dem Gespräch ist weiterhin deutlich geworden, dass sich hinter den abwertenden Sätzen der Mutter Gefühle von Überforderung, Ärger und Wut verbergen. Nachdem die Mutter ihre tatsächlichen Gefühle geäußert hat, kann die Erzieherin auf sie eingehen und zusammen mit ihr nach Möglichkeiten der Problemlösung suchen.

Erzieherinnen, die selbst keine Kinder haben, können genauso gut mit Eltern reden wie Erzieherinnen, die eigene Kinder haben. Wichtig ist jedoch, dass sie intensiv versuchen, sich in die Eltern hineinzuversetzen, da ihnen die eigenen unmittelbaren Erfahrungen fehlen. Manchmal kann der Abstand, der durch die ganz unterschiedliche Lebenssituation von Eltern und von Erzieherinnen ohne Kinder besteht, sogar hilfreich sein. Erzieherinnen, die selbst keine Kinder haben, laufen nicht so schnell Gefahr, die eigenen Erfahrungen mit den Erfahrungen der Eltern zu vermischen. Die eigenen Erfahrungen von denen der anderen trennen zu können, ist aber eine wichtige Voraussetzung für hilfreiche und weiterführende Gespräche.

Wichtig ist, dass die Eltern mit ihrem Problem im Mittelpunkt des Gespräches stehen und die Erzieherinnen mit Einfühlungsvermögen und Anteilnahme auf sie eingehen können, unabhängig von ihrer eigenen Lebenssituation.

»Die Eltern sind Akademiker, werden sie mich ernst nehmen?«

Manche Erzieherinnen befürchten, von akademisch gebildeten Eltern nicht als Gesprächspartnerin anerkannt zu werden, weil diese manchmal redegewandter sind und sich besser ausdrücken können. Für Erzieherinnen, die diese Bedenken haben, ist es hilfreich, sich Folgendes zu verdeutlichen: Erzieherinnen sind ausgebildete Fachkräfte und daher kompetent, Kinder im Kindergarten zu beobachten und Auffälligkeiten festzustellen.

Erzieherinnen, die das Kind täglich im Kindergarten erleben und die Möglichkeit haben, sein Verhalten in der Gruppe zu beobachten, erhalten dadurch oft Informationen, die für die Eltern wichtig und interessant sind, weil diese das Kind nur zu Hause und nicht in der Gruppe erleben können. Für den Bereich des Kindergartens sind die Erzieherinnen die professionell ausgebildeten Fachleute. Insofern können sie mit Selbstvertrauen und im Wissen um ihre Kompetenz und ihr Fachwissen mit allen Eltern – auch mit akademisch gebildeten – reden.

Soll an dem Gespräch eine Kollegin teilnehmen?

Es kann manchmal sinnvoll sein, ein Elterngespräch zusammen mit einer Kollegin zu führen, vor allem, wenn die Kollegin auch in der Gruppe arbeitet und möglicherweise noch wichtige Informationen einbringen kann. Es ist jedoch auch zu bedenken, dass es auf Eltern erschlagend wirken kann, wenn gleich zwei Erzieherinnen dasitzen, um mit ihnen zu sprechen. Deshalb ist es sinnvoll, den Eltern zu erklären, warum die Erzieherinnen das Gespräch zusammen führen wollen: »Ich möchte gerne, dass meine Kollegin sich auch an dem Gespräch beteiligen kann. Wir arbeiten zusammen in der Gruppe und so können wir uns vielleicht ergänzen und manches besser veranschaulichen.«

Ein anderer Grund, der Erzieherinnen veranlasst, ein Gespräch zusammen zu führen, liegt in der Befürchtung, dass die Eltern anschließend verfälscht darstellen, was tatsächlich in dem Gespräch gesagt worden ist. Das kann manchmal berechtigt sein, ist aber kein Grund, generell Gespräche nur zu zweit zu führen.

Soll man zu Elterngesprächen beide Elternteile einladen?

Der Wunsch, beide Eltern zu einem Gespräch einzuladen, scheitert oft schon an den äußeren Bedingungen. Die Berufstätigkeit lässt oft wenig Möglichkeiten, beide Elternteile zur gleichen Zeit zu einem Gespräch zu bitten. Lädt man beide ein, kann es unter Umständen auch problematisch für die Erzieherin werden, wenn die Eltern zum Beispiel anfangen, sich zu streiten, und von der Erzieherin eine Stellungnahme erwarten. Es ist schwierig, nicht parteiisch zu sein und zu vermeiden, sich mit einem Elternteil zu verbünden. Die Erzieherin muss im Einzelfall entscheiden, ob sie sich einem Gespräch mit beiden Eltern gewachsen fühlt oder nicht. Bei einem Einzelgespräch braucht sich die Erzieherin nur auf eine Person zu konzentrieren, während sie beim Gespräch zu dritt beide Eltern und ihre Beziehung untereinander im Blick haben und berücksichtigen muss. Wenn jedoch beide Elternteile zum Gespräch kommen wollen, ist es unter Umständen sinnvoll, dass die Erzieherin das Gespräch zusammen mit einer Kollegin führt, weil so ein ausgewogeneres Verhältnis der am Gespräch beteiligten Personen entsteht und einer möglichen Parteilichkeit der Erzieherin vorgebeugt wird.

8.3 Auffälligkeiten des Kindes als Gesprächsanlass

Aus der Fülle der Beispiele, die von Erzieherinnen in unseren Kursen eingebracht wurden, sollen beispielhaft zwei Fälle herausgegriffen werden. In beiden Fällen hielten die Erzieherinnen ein Gespräch mit den Eltern für notwendig, weil die Kinder im Kindergarten auffällig geworden waren. Die Erzieherinnen fanden es in beiden Fällen sehr schwierig, auf die Eltern zuzugehen und das Gespräch mit ihnen zu suchen. In Rollenspielen wurde nun erprobt, wie diese Gespräche mithilfe der neu erworbenen Kenntnisse in Gesprächsführung verlaufen könnten.

1. Gesprächsbeispiel über Sprachschwierigkeiten eines Kindes

Im ersten Beispiel geht es um die fünfjährige Emma, die Schwierigkeiten beim Sprechen hat, weil sie einzelne Laute verwechselt und oft mit der Zunge vorne anstößt. Die Erzieherin vermutet, dass die Mutter keine große Gesprächsbereitschaft zeigen wird, da sie bisher jedem Versuch der Erzieherin, über Emmas Sprachprobleme zu reden, ausgewichen ist. Die Erzieherin hatte das Gefühl, von der Mutter nicht ernst genommen zu werden, und weiß deshalb nicht, ob sie nochmals das Gespräch mit ihr suchen soll. Dazu kommt, dass Emmas Mutter sehr dominant wirkt. Trotzdem beschließt die Erzieherin noch einmal mit der Mutter zu sprechen, weil es ihr um Emma geht.

Erzieherin: Frau S., ich bin besorgt um Emma. Sie kann einige Laute nicht richtig aussprechen und spricht deshalb sehr undeutlich.

Mutter: Das kann überhaupt nicht sein. Zu Hause spricht sie einwandfrei.

Erzieherin: Ihnen ist Emmas Sprachproblem zu Hause noch nicht aufgefallen?

Mutter: Nein, vielleicht redet sie ein wenig undeutlich, aber das ist doch wohl nicht weiter schlimm.

Erzieherin: Mir ist aufgefallen, dass Emma »T« und »K« verwechselt, also statt »Kopf« sagt sie »Topf«. Dazu kommt, dass sie mit der Zunge oft vorne anstößt.

Mutter: Das ist mir bisher noch nicht aufgefallen.

Erzieherin: Ich denke, es ist für Sie auch schwierig, weil Sie nicht den Vergleich mit anderen Kindern haben.

Mutter: Es kommen doch auch Freundinnen von Emma, aber es ist mir trotzdem noch nicht aufgefallen.

Erzieherin: Es fällt Ihnen im Augenblick schwer, anzunehmen, dass Emma Schwierigkeiten beim Sprechen hat.

Mutter: Ja, ich finde es, ehrlich gesagt, entsetzlich. Meine Tochter soll Sprachprobleme haben!

Erzieherin: Sie möchten am liebsten überhaupt nicht mehr darüber reden. *(Aktives Zuhören)*

Mutter: Ja, ich kann einfach nicht glauben, dass das undeutliche Sprechen so wichtig sein soll.

Erzieherin: Ich beobachte, dass die anderen Kinder Schwierigkeiten haben, Emma zu verstehen und manchmal auch über sie lachen. *(Sachinformation)*

Mutter: Davon hat Emma noch nie etwas gesagt.

Erzieherin: Es kommt oft vor, dass Kinder zu Hause nicht erzählen, wenn sie Schwierigkeiten haben. Ich denke, es ist deshalb umso wichtiger, dass wir darüber reden und gemeinsam überlegen, wie wir Emma helfen können. *(Sachinformation)*

Mutter: Die anderen lachen wirklich über sie?

Erzieherin: Ja, das ist in der letzten Zeit öfter vorgekommen. Das Problem ist auch, dass Emma schon bald sechs Jahre alt wird und in einem halben Jahr in die Schule kommt.

Mutter: Ja, aber was kann man da machen?

Erzieherin: Es gibt die Möglichkeit, Emma einer Logopädin vorzustellen. Es werden dann Stunden vereinbart, in denen Emma zum richtigen Sprechen angeleitet wird.

Mutter: Kann ich das nicht selbst zu Hause machen?

Erzieherin: Sicher müssen Sie zu Hause mitarbeiten, aber ganz allein ist es wahrscheinlich schwierig für Sie. Ich möchte es mal so vergleichen: Wenn Emma erkältet ist und Fieber hat, muss sie doch auch zum Arzt. Genauso ist es auch mit einem Besuch bei der Logopädin.

Mutter: Aber was werden die Leute sagen? Zum Kinderarzt geht schließlich jeder, aber zur Logopädin ...
Erzieherin: Sie haben Angst, dass die Leute deswegen über Sie reden könnten?
Mutter: Ja, Sie wissen ja, wie Menschen sind.
Erzieherin: Ich denke, dass ein Besuch bei einer Logopädin nichts ist, wegen dessen Sie sich schämen müssten. Hier in der Kita sind einige Kinder, die regelmäßig zur Logopädin gehen und die sogar großen Spaß dabei haben.
Mutter: Also, das muss ich mir noch mal überlegen. Wenn es Ihnen Recht ist, rufe ich Sie in den nächsten Tagen an.
Erzieherin: Ja, überlegen Sie sich alles in Ruhe. Wenn Sie wollen, kann ich Ihnen auch die Adresse der Logopädin geben, zu der unsere Kinder in der Kita normalerweise gehen.
Mutter: Ja, danke, ich melde mich dann.

Für die Auswertung des Gespräches helfen Betrachtungen über den Einstieg, den Verlauf und das Ergebnis des Dialogs. Die Leserin kann die Fragen auch vorab für sich beantworten.

1. Welchen Einstieg in das Gespräch hat die Erzieherin gewählt?

Die Erzieherin ist mit der Versprachlichung eines eigenen Gefühls in das Gespräch eingestiegen und umreißt im Anschluss daran, worin das Problem besteht, über das sie mit der Mutter sprechen will.

2. Die Mutter leugnet bzw. bagatellisiert das Problem. Wie geht die Erzieherin damit um?

Wichtig ist zunächst, dass die Erzieherin sich ihrer Sache ganz sicher ist und sich nicht von ihrer berechtigten Sorge um das Kind und über dessen Sprachschwierigkeiten abbringen lässt. Sie geht nicht in eine Verteidigungshaltung und bleibt trotz aller Widerstände der Mutter bei ihrem Vorhaben, über Emmas Sprachprobleme reden zu wollen. Dem Widerstand der Mutter begegnet sie einerseits durch die sachliche Schilderung ihrer Beobachtungen und andererseits durch aktives Zuhören.

Damit erreicht sie, dass die Mutter sich nicht angegriffen fühlt, sondern zum Nachdenken angeregt wird und sich auch gefühlsmäßig ein wenig öffnet. Darüber hinaus bietet die Erzieherin ihr Hilfe bei der Suche nach einer geeigneten Logopädin an und versucht, ihr ein Stück weit die Angst vor dem Gerede der Leute zu nehmen, indem sie aktives Zuhören anwendet und der Mutter die Gelegenheit gibt, über ihre Befürchtungen und Ängste zu sprechen. Außerdem verweist sie auf die anderen Kinder aus der Kita, die schon in logopädischer Behandlung sind, und entlastet dadurch die Mutter.

3. Ist die Erzieherin in dem Gespräch weitergekommen?

Kann sie mit dem Ergebnis zufrieden sein? Auch wenn die Mutter nach dem Gespräch noch nicht bereit ist, in eine logopädische Behandlung einzuwilligen, ist die Erzieherin in dem Gespräch ein ganzes Stück weitergekommen. Die Mutter schließt eine logopädische Behandlung jetzt zumindest nicht mehr aus und ist bereit, den Gedanken zuzulassen, dass Emma tatsächlich ein Sprachproblem hat, mit dem sie sich auseinandersetzen muss. Insofern ist das Gespräch sehr erfolgreich verlaufen.

2. Gesprächsbeispiel über auffälliges Verhalten eines Kindes

Im zweiten Beispiel geht es um den sechsjährigen Ben, der seit einiger Zeit das Frühstück der anderen Kinder aus deren Rucksäcken nimmt. Die Kinder haben sich schon beschwert, dass ihr Frühstück fehlt, wissen aber nicht, wer es genommen hat. Die Erzieherin hat mehrmals vergeblich versucht, mit Ben zu sprechen. Er kann sein Verhalten nicht erklären. Die Erzieherin entschließt sich deshalb, einen Gesprächstermin mit den Eltern auszumachen.

Sie hat jedoch aus verschiedenen Gründen Bedenken, auf die Eltern zuzugehen. Einerseits fragt sie sich, wie sie ihnen möglichst schonend beibringen kann, dass Ben Lebensmittel aus den Rucksäcken nimmt, ohne sie damit zu kränken und zu verletzen. Andererseits beobachtet sie seit einiger Zeit, dass Bens Mutter sehr verschlossen wirkt und im Kindergarten sehr kurz angebunden ist. Die Erzieherin ist unsicher, ob die Mutter sich möglicherweise über irgendetwas geärgert hat. Die Gesprächseinladung nimmt die Mutter an und kommt pünktlich zum vereinbarten Termin.

Erzieherin: Frau M., ich habe Sie heute zu diesem Gespräch gebeten, weil ich seit einiger Zeit beobachte, dass Ben Essen und Getränke aus den Rucksäcken der anderen nimmt.

Mutter: Das darf doch nicht wahr sein! Sind Sie ganz sicher, dass es Ben war?

Erzieherin: Ja, die anderen Kinder haben sich öfters beschwert, dass ihre Sachen beim Frühstück nicht mehr in der Tasche waren. Dann habe ich genauer darauf geachtet und Ben auch ein paar Mal dabei erwischt.

Mutter: Haben Sie mit ihm gesprochen? Was hat er gesagt?

Erzieherin: Er konnte es nicht recht erklären. Ich habe ihm deutlich gemacht, dass er die Sachen der anderen Kinder nicht nehmen darf, weil sie ihnen gehören.

Mutter: Und er hat es trotzdem wieder gemacht?

Erzieherin: Ja, meine Erklärungen haben nichts genützt.

Mutter schweigt und schaut nach unten.

Erzieherin: Sie sind im Augenblick entsetzt über das, was ich Ihnen gerade erzählt habe.

Mutter: Ja, entsetzt und traurig. Ich hätte nie gedacht, dass Ben so etwas tut.
Erzieherin: Sie können sich Bens Verhalten nicht erklären und sind deshalb wie vor den Kopf geschlagen.
Mutter: Ja. Ich weiß nicht, was ich sagen soll. Jetzt kommt das auch noch mit Ben.
Erzieherin: Das klingt, als hätten Sie auch noch andere Sorgen.
Mutter: Ja, eigentlich soll es noch niemand wissen.
Mutter schaut wieder nach unten.
Erzieherin: Sie kämpfen im Augenblick mit sich, ob Sie darüber reden wollen.
Mutter: Ja!
Erzieherin: Ich kann Ihnen versichern, dass alles, was wir hier besprechen, unter uns bleibt. Sie brauchen also keine Angst zu haben, dass ich etwas weitererzähle, was Sie mir möglicherweise anvertrauen.
Mutter: Ja, vielleicht ist es mal ganz gut, wenn ich mit jemandem rede. Ich bin ja immer allein mit meinen Gedanken. – Mein Mann hat seit etwa einem halben Jahr eine Freundin. Er hat mir nun gesagt, dass er ausziehen will, um mit seiner Freundin zusammenzuwohnen.
Erzieherin: Da geht es Ihnen im Augenblick nicht gut.
Mutter: Nein, es geht mir nicht gut. Ich hänge sehr an meinem Mann und mit den Kindern stehe ich jetzt allein da.
Erzieherin: Sie vermissen Ihren Mann und fühlen sich von ihm in der Verantwortung für die Kinder allein gelassen.
Mutter: Ja, ich liege nachts oft wach, weil ich den Gedanken, dass er uns verlassen wird, nicht ertragen kann. Tagsüber muss alles so weitergehen, als wäre nichts. Die Kinder brauchen doch wenigstens ihre Mutter.
Erzieherin: Sie halten sich im Augenblick mit aller Kraft aufrecht, damit die Kinder in Ihnen noch einen Halt haben.
Mutter: Ja, so ist es. Aber ich habe niemanden, der für mich ein Halt sein könnte. Ich fühle mich so allein und überfordert.
Mutter kämpft mit den Tränen. Erzieherin lässt die Pause zu.
Mutter: Ich möchte Ihnen wirklich nicht zur Last fallen.
Erzieherin: Frau M., im Augenblick haben Sie sehr viel zu verkraften und es ist gut, dass Sie mit mir über Ihren Kummer geredet haben. Sie fallen mir nicht zur Last. Ich freue mich, dass Sie mir so viel Vertrauen entgegenbringen.
Mutter: Ja, ich habe niemanden, mit dem ich reden kann. Sie wissen ja, wie die Leute in so einem kleinen Ort sind. Das Gerede würde mich noch mehr fertig machen.
Erzieherin: Ich verspreche Ihnen, dass ich auf keinen Fall weitersage, was Sie mir anvertraut haben.
Mutter: Danke, aber was wird jetzt mit Ben?
Erzieherin: Ich bin im Moment auch ratlos, was wir machen könnten.
Mutter: Wissen denn die anderen Kinder, wer die Sachen genommen hat?

Erzieherin: Nein, sie haben es noch nicht gemerkt.

Mutter: Das ist wirklich ein Glück. Es wäre nicht auszudenken, wenn im Ort erzählt würde, dass Ben im Kindergarten Sachen stiehlt.

Erzieherin: Da kann ich Sie wirklich beruhigen. Aber es ist wichtig, dass wir gemeinsam überlegen, wie wir Ben helfen können.

Mutter: Meinen Sie, sein Stehlen hat eventuell etwas mit unserer familiären Situation zu tun?

Erzieherin: Das kann ich mir gut vorstellen. Ich nehme an, er spürt trotz aller Bemühungen, dass etwas anders geworden ist, und reagiert nun auf seine Weise. Haben Sie und ihr Mann denn einmal mit Ben gesprochen?

Mutter: Nein, bisher noch nicht. Ich habe immer gesagt, dass der Papa arbeiten muss, wenn er nicht nach Hause gekommen ist.

Erzieherin: Ich kann mir gut vorstellen, wie schwer es Ihnen fällt, mit Ben zu reden.

Mutter: Ja, ich will ihm nicht zeigen, wie verzweifelt ich bin, und ich will auch nicht schlecht über meinen Mann reden.

Erzieherin: Sie haben Angst um Ben und möchten ihm soviel wie möglich ersparen und ihn beschützen.

Mutter: Ja, so ist es.

Erzieherin: Können Sie denn mit Ihrem Mann darüber reden?

Mutter: Ja, er kommt am Wochenende. Er hat auch gesagt, dass er sich noch für die Kinder verantwortlich fühlt.

Erzieherin: Ich denke, es ist wichtig, dass Sie und Ihr Mann eingehend über Bens Problem reden. Vielleicht finden Sie auch einen Weg, wie Sie gemeinsam mit Ben über die neue Situation sprechen können, damit er versteht, was in der Familie vorgeht.

Mutter: Ja, ich werde mit meinem Mann reden.

Erzieherin: Ich denke, das Gespräch war sehr intensiv. Wie geht es Ihnen jetzt?

Mutter: Besser als am Anfang. Es hat gut getan, einmal mit jemandem darüber zu reden.

Erzieherin: Das freut mich. Ich danke Ihnen für Ihr Vertrauen. Ich bin froh, dass wir so offen miteinander gesprochen haben, denn ich kann Ben jetzt auch besser verstehen. Ich denke, wir verbleiben so, dass Sie erst einmal mit Ihrem Mann am Wochenende darüber reden, und ich werde Ben im Kindergarten weiter beobachten.

Mutter: Ja, und dann können wir ja noch mal reden.

Erzieherin: Ja, wir bleiben auf jeden Fall in Kontakt.

Auch dieses Gespräch kann wieder nach Einstieg, Verlauf und Ergebnis untersucht werden. Zusätzlich bietet es sich an die innere Haltung der Erzieherin genauer anzuschauen. Die Leserin kann zunächst die Fragen für sich beantworten.

1. Welchen Einstieg in das Gespräch hat die Erzieherin gewählt?

Die Erzieherin ist mit der Schilderung der Sachlage eingestiegen, ohne dabei zu werten. Auch die Versprachlichung des eigenen Gefühls wäre möglich und sinnvoll gewesen.

2. Weshalb entscheidet sich die Mutter schließlich doch, über ihre familiären Probleme zu sprechen?

Welche Hilfen gibt ihr die Erzieherin, um sich zu öffnen? Welche Veränderungen kann man im Laufe des Gespräches bei der Mutter feststellen?
Nachdem die Mutter mehrfach nachgefragt hat, ob sich die Erzieherin in Bezug auf Bens Verhalten vielleicht doch geirrt hat, gerät das Gespräch ins Stocken. Die Mutter schaut nach unten und sagt nichts mehr. Die Erzieherin reagiert auf dieses Verhalten der Mutter, indem sie deren Gefühle aufgreift und versprachlicht: »Sie sind im Augenblick entsetzt …« Dadurch gibt sie der Mutter die Möglichkeit, über ihre Gefühle zu sprechen. Wichtig ist, dass sie an dieser Stelle nicht versucht, das Problem herunterzuspielen, um die Mutter zu trösten. Sie akzeptiert die Bestürzung der Mutter und begleitet sie weiter im Gespräch, indem sie auf deren Gefühle eingeht. Im Anschluss daran greift die Erzieherin nochmals die Pause im Gespräch mithilfe von aktivem Zuhören auf und ermutigt die Mutter dadurch, weiterzureden. Zudem versichert sie ihr, dass sie nichts von dem, was die Mutter ihr möglicherweise anvertrauen wird, weitersagen wird.

Drei Gründe sind es, die die Mutter veranlassen, nun über ihre familiären Probleme zu sprechen:

- Zum einen steht sie selbst sehr unter Druck und ist sehr verzweifelt, auch wenn sie sich nichts davon anmerken lassen will.
- Zum anderen hilft die Erzieherin der Mutter durch ihre nicht wertende Schilderung der Sachlage und durch das Aufgreifen und Versprachlichen ihrer Gefühle sich zu öffnen.
- Und drittens ist die Versicherung der Erzieherin, dass alles, was besprochen wird, vertraulich behandelt wird, von großer Bedeutung.

Auch wenn sie sich im Gespräch um die Mutter kümmert, verliert die Erzieherin nicht aus den Augen, dass sie das Gespräch wegen Ben vereinbart hat. Dabei hält sie sich damit zurück, Bens Verhalten zu deuten, in die Mutter zu dringen und in ihr damit möglicherweise noch Schuldgefühle zu wecken. Im Gegenteil lässt sie der Mutter in diesem Gespräch sehr viel Anerkennung und Respekt zukommen, was diese in ihrer momentanen Lebenssituation dringend braucht.

An einer Stelle im Gespräch vermittelt sie der Mutter ehrlich ihre eigene Ratlosigkeit. Damit stellt sie sich nicht über die Mutter, indem sie diagnostiziert und ihr Ratschläge gibt, sondern die Mutter hat das Gefühl, ernstgenommen zu werden.

Indem die Erzieherin im Gespräch die Verantwortung des Vaters benennt, macht sie der Mutter deutlich, dass diese nicht allein für die Lösung von Bens Problem verantwortlich ist, auch wenn sie es im Augenblick selbst so empfindet. Das gibt dem Gespräch eine andere Richtung. Die Mutter greift diesen Gedanken auf, indem sie ausführt, dass der Vater bereit ist, auch weiterhin Ansprechpartner für die Kinder zu sein. An dieser Stelle wird Folgendes deutlich: Die Mutter ist jetzt in der Lage, auch den Vater in der Verantwortung für die Kinder zu sehen und muss sich nicht ganz auf sich allein gestellt fühlen.

Es ist eine wichtige Erfahrung, dass viele Menschen – wenn sie sich einmal vor jemandem ausgesprochen haben, der sie ernst nimmt und tatsächlich zuhört – selbst wieder in der Lage sind, zu relativieren und neue Aspekte zu sehen und zuzulassen. Der Mutter hat das Gespräch, wie sie selbst sagt, gut getan und es geht ihr besser als zu Beginn.

Die anfängliche Vermutung der Erzieherin, die Mutter habe sich möglicherweise über irgendetwas geärgert, entsprach nicht der Wirklichkeit, auch das ist eine wichtige Erkenntnis. Die Verschlossenheit der Mutter und ihre kurz angebundene Art waren das Resultat ihrer schwierigen familiären Situation und hatten nichts mit der Erzieherin zu tun.

3. Welche inneren Haltungen und Einstellungen drücken sich durch das Gesprächsverhalten der Erzieherin aus?

Die Erzieherin hat in diesem Gespräch deutlich gemacht, dass sie das Problem der Mutter als deren Problem akzeptieren kann, ohne es zu ihrem eigenen zu machen. Es ist bei allen Beratungsgesprächen sehr wichtig, diesen inneren Abstand zu halten, wenn das Gespräch für den Ratsuchenden hilfreich und weiterführend sein soll. Es gilt, sich innerlich abzugrenzen und sich bewusst zu machen, dass nur der Ratsuchende selbst sein Problem, auf seine Art und in seinem Tempo lösen kann. Diese Aufgabe können wir niemandem abnehmen, auch wenn wir es noch so gerne wollten.

Die Erzieherin bringt in diesem Gespräch sehr viel Respekt, Anerkennung und Anteilnahme gegenüber der Mutter zum Ausdruck. Diese Grundhaltung wird für die Mutter spürbar und gibt zugleich der Erzieherin die Möglichkeit, nicht zu bewerten, zu kritisieren oder Pausen mit eigenem Reden zu überspielen. Sie kann die Mutter in dieser Situation so annehmen, wie sie ist. Sie ist in der Lage, die Verzweiflung der Mutter auszuhalten, spielt deren Problem nicht herunter und versucht nicht, sie oberflächlich zu trösten. Das Gespräch ist für die Mutter sehr gewinnbringend, weil sie in dieser anerkennenden Gesprächsatmosphäre ein wenig loslassen und sich entspannen kann, dadurch kann sie wieder gestärkter nach Hause zu den Kindern gehen.

4. Wie ist das Ergebnis dieses Gespräches zu bewerten?

Das Gespräch ist so ausgegangen, dass die Mutter am Ende eine Perspektive hat und jetzt weiß, wie sie weiter vorgehen kann. Sie fühlt sich insgesamt besser und ist in der Lage, ihre Situation unter einem anderen Blickwinkel zu sehen. Insofern ist das Ergebnis des Gespräches sehr positiv zu bewerten, auch wenn noch nicht klar ist, ob die Eltern allein in der Lage sind, das Problem in Bezug auf Ben zu lösen. Die Situation dieser Familie ist im Augenblick sehr schwierig und es kann, je nachdem, wie sich alles weiterentwickelt, durchaus notwendig werden, die Familie an eine Beratungsstelle zu verweisen.

Vielen Eltern fällt es schwer, sich an eine Beratungsstelle zu wenden und dort mit Menschen, die sie nicht kennen, über ihre Probleme zu sprechen. Sie wissen nicht, was auf sie zukommt und schrecken vor diesem Schritt verständlicherweise zunächst einmal zurück. Sie nehmen die Möglichkeit, sich an eine Erziehungsberatungsstelle zu wenden oder sonstige professionelle Hilfe in Anspruch zu nehmen, leichter wahr, wenn es ihnen in einem vertrauensvollen und offenen Gespräch nahegebracht wird, bei dem auch Unsicherheiten und Ängste der Eltern besprochen werden können. Es kann deshalb sinnvoll sein, wenn Erzieherinnen mit einer Beratungsstelle im Kontakt sind und den Eltern schon im Vorfeld darüber erzählen können, um ihnen die Schwellenangst etwas zu nehmen.

Klare Abgrenzung zum Therapiebereich

Erzieherinnen im Kindergarten sind – ich wiederhole es – keine Therapeutinnen und würden sich selbst überfordern, wenn sie zu intensiv in Familienproblematiken einsteigen würden. An anderer Stelle in diesem Buch wurde ausführlich darüber gesprochen, wie wichtig es ist, die eigenen Grenzen zu erkennen, zu respektieren und auch anderen deutlich zu machen (vgl. Seite 84 ff.). Im Zusammenhang mit Beratungsgesprächen im Kindergarten ist es immer notwendig, sich zu fragen, wann die eigenen Möglichkeiten erschöpft sind und es angebracht ist, andere Hilfsmöglichkeiten zu eröffnen. Wo die Grenzen genau liegen, kann nicht allgemein festgelegt werden, sondern muss im Einzelfall von den Erzieherinnen – immer vor dem Hintergrund der jeweiligen Situation und der eigenen Belastbarkeit – entschieden werden. Hilfreich bei der Entscheidungsfindung können Gespräche mit Kolleginnen sein.

8.4 Mit Eltern auf Augenhöhe reden

Die Erziehungs- und Bildungspartnerschaft zwischen Elternhaus und Kita gewinnt zunehmend an Bedeutung, weil die Kinder, die die Einrichtungen besuchen, einerseits immer jünger werden und andererseits immer mehr Zeit in der Kita verbringen. Da die Kita für viele Kinder das zweite Zuhause ist, wird es umso wichtiger, dass sich Eltern und Erzieherinnen in einer Haltung von Respekt und Vertrauen auf Augenhöhe begegnen. Unterschiedliche Sichtweisen und Meinungsverschiedenheiten, die gemeinsame Suche nach Antworten auf die Veränderungen von Gesellschaft und Familie sind Bestandteil der Erziehungspartnerschaft zwischen Elternhaus und Kita. Professionelle Erzieherinnen brauchen neben ihrer Fachlichkeit viel Verständnis für die Eltern und deren oft sehr stressige Situation. Eltern brauchen Vertrauen in die Fachlichkeit und die menschlichen Qualitäten der Erzieherinnen, damit ein Miteinander in der Erziehung zum Wohle der Kinder gelingen kann.

Der folgende Elternabend wurde als Rollenspiel in einer Ausbildungsgruppe für Sprachförderkräfte durchgeführt. Er wird hier ausschnittweise als Beispiel für einen fachlich guten und respektvollen Umgang zwischen Erzieherinnen und Eltern wiedergegeben.

Gesprächsbeispiel Elternabend

Das Team hat die Eltern zu einem Elternabend zu dem Thema »Sprache ist überall/ Sprachförderung in unserer Kita« eingeladen. Die Trägervertreterin, Frau M., ist ebenfalls anwesend und begrüßt die Eltern:

Leiterin: Auch ich darf Sie im Namen des Teams ganz herzlich zu unserem Elternabend unter dem Thema »Sprache ist überall – Sprachförderung in unserer Kita« begrüßen. Wir freuen uns, dass so viele Eltern gekommen sind, was uns auch zeigt, wie viel Interesse an diesem Thema bei Ihnen besteht. Wir Erzieherinnen haben uns in der letzten Zeit intensiv mit der Thematik auseinandergesetzt, einige Fortbildungen besucht und Literatur dazu gelesen. Ein paar einschlägige Fachbücher haben wir zum Stöbern auch für Sie ausgelegt. So können wir mit gutem Gewissen sagen, dass wir wirklich auf dem neuesten Stand sind. Wir bitten aber um Verständnis, dass wir im Rahmen dieses Elternabends nicht auf spezielle Fragen zu einzelnen Kindern eingehen können. Dazu sind dann Einzelgespräche vorgesehen, Entwicklungsgespräche werden ja ohnehin regelmäßig durchgeführt. *(Klare Herausstellung der eigenen Fachlichkeit durch Sachinformationen)*
Wir haben uns den Ablauf heute so vorgestellt, dass wir zunächst berichten, was wir unter Sprachförderung im Alltag verstehen, also der Sprachförderarbeit, wie wir sie jeden Tag praktizieren, verstehen. Anschließend wollen wir Ihnen noch kurz Aufschluss geben über die gezielte Sprachförderarbeit in Kleingruppen. *(Sachinformation über den geplanten Ablauf)*
Eltern nicken.
Erzieherin: Wie das Thema des Elternabends ja schon sagt, findet Sprache überall im Alltag statt. Die Wissenschaft ist sich heute einig darüber, dass die beste Sprachförderung darin besteht, viel mit den Kindern zu sprechen und ihnen zuzuhören. Es ist in Untersuchungen dazu nachgewiesen, dass Medien wie Fernseher und CD-Player weder zum Spracherwerb noch zur Sprachförderung beitragen, sondern sich sogar nachteilig auswirken. Aus diesem Grund sehen wir den wichtigsten Teil unserer Sprachförderarbeit darin, den Kindern zuzuhören und so viel wie möglich mit ihnen zu sprechen. *(Sachinformation)*
Mutter: Das ist ja einleuchtend. Zu Hause spreche ich aber auch viel mit meinem Tom.

Erzieherin: Gut, dass Sie dieses Thema anschneiden. Es ist für die Kinder ein großer Gewinn, wenn die Eltern genügend Zeit haben, mit ihren Kindern zu sprechen und auf sie einzugehen. Leider ist das keineswegs in allen Familien so gut möglich. Fachleute schätzen, dass Vorschulkinder heute im Durchschnitt in Familien pro Tag nur noch zehn bis zwölf Minuten zusammenhängende Originalsprache hören. In vielen Familien gibt es sehr viel Zeitdruck, weil der Alltag geregelt und feste Zeitpläne eingehalten werden müssen, damit alles organisiert werden kann. Es bleibt wenig Zeit, um bei gemeinsamen Mahlzeiten miteinander zu sprechen, für das Vorlesen beim Einschlafen oder für gemeinsame Unternehmungen, bei denen man sich in Ruhe unterhalten kann.
(Sachliche Beschreibung der Situation)
Vater: Das ist wirklich erschreckend, auch wenn mir zehn bis zwölf Minuten am Tag doch ziemlich wenig vorkommen *(zustimmendes Nicken der Eltern)*. Ich bin berufstätig und alleinerziehend, verbringe aber so viel Zeit wie möglich mit meinem Kind. Aber es stimmt schon, es ist wirklich alles sehr viel und manchmal mache ich ehrlich gesagt den Fernseher an, um mal selbst ein wenig Ruhe zu haben.
Einige Eltern nicken.
Erzieherin: Es ist verständlicherweise sehr schwierig, alles unter einen Hut zu bringen und viele Eltern wünschen sich, mehr Zeit mit ihrem Kind verbringen zu können. *(Aktives Zuhören)*
Eltern nicken zustimmend.
Erzieherin: Deshalb ist es uns in der täglichen Arbeit in der Kita auch so wichtig, dass wir uns Zeit für das einzelne Kind nehmen. Wir hören ihm zu, greifen Sprachanlässe auf, gehen auf das Kind ein und begleiten es sprachlich über den Tag beim Spielen, bei den Mahlzeiten und beim Einschlafen. Kinder, die sich wahrgenommen und beachtet fühlen, im Kontakt und Beziehung mit anderen Menschen sind, entwickeln ganz von selbst Freude am Sprechen, erzählen von ihren Erlebnissen und bringen eigene Ideen ein. *(Sachinformation zum Sprachförderkonzept der Kita)*
Mutter: Aber was machen Sie denn mit den Kindern, die nur schlecht oder überhaupt kein Deutsch können? Leiden da unsere deutschsprachigen Kinder nicht darunter?
Erzieherin: Sie machen sich Sorgen, dass vielleicht die Kinder, die die deutsche Sprache sprechen, zu kurz kommen? *(Aktives Zuhören)*
Mutter: Na ja, Sorgen vielleicht nicht, aber ich stelle es mir schon schwierig vor, allen Kindern gerecht zu werden.
Erzieherin: Wir haben in unserer Kita beobachtet, wie sich die Kinder verschiedener Nationalitäten in der Kita verständigen. Sprachunterschiede sind für sie kein besonderes Problem, weil sie sich mit Mimik, Gestik und durch das gemeinsame Tun und Spielen verständigen und ins Sprechen kommen. Kinder

sind da viel unbefangener als Erwachsene. Außerdem ist es erstaunlich, wie schnell die Kinder mit Migrationshintergrund allein durch das Hören die deutsche Sprache lernen. Dabei machen sie natürlich noch viele Fehler, die wir aber nie als Fehler benennen, um die Sprechfreude des Kindes zu erhalten. Wir wiederholen einfach mit korrekter Grammatik und den passenden Worten, was das Kind zum Ausdruck bringen will. So erfahren die Kinder, ohne sich kritisiert zu fühlen, wie es »richtig« heißt. Übrigens helfen wir auf diese Weise auch deutschsprachigen Kindern, die Schwierigkeiten damit haben, sich »richtig« auszudrücken. *(Sachinformationen zur Sprachförderung im Alltag)*

Mutter: Das kann ich ja eigentlich auch zu Hause machen. Paul hat manchmal noch Probleme, die richtigen Worte zu finden.

Erzieherin: Ja, auf jeden Fall. Je intensiver Kita und Elternhaus zusammenarbeiten, umso besser können sich die Kinder entwickeln. *(Sachinformation/ Stärkung der Erziehungs-und Bildungspartnerschaft)*

Eltern nicken.

Erzieherin: Natürlich gehören zu unserer täglichen Sprachförderarbeit das gemeinsames Spielen, Lieder, Fingerspiele, Gespräche im Morgenkreis ebenso wie das Betrachten von Bilderbüchern und das Vorlesen. Gemeinsam mit den Kindern planen wir Projekte und führen sie durch und noch vieles mehr. Einige Lieder singen wir auch in türkischer, italienischer und russischer Sprache. *(Sachinformation)*

Vater: Könnten Sie denn den Kindern vielleicht mal ein paar Lieder und Texte mitgeben, die Sie gerade mit den Kindern im Alltag singen? Dann könnten wir das vielleicht zu Hause aufgreifen.

Erzieherin: Das ist eine gute Idee. Das machen wir gerne.

Leiterin: Neben der alltagsintegrierten Sprachförderung bieten wir auch eine gezielte Sprachförderung in Kleingruppen an, um Kinder zum Beispiel bei der Wortschatzerweiterung oder bei der richtigen Satzbildung zu unterstützen. Auch Kinder, die in der Großgruppe schüchtern sind und sich mit der Sprache zurückhalten, haben in der Kleingruppe einen geschützten ruhigen Rahmen, in dem sie auftauen und sich öffnen können. In der Kleingruppe bieten sich Fördermöglichkeiten, die sich ganz am Bedarf des einzelnen Kindes orientieren. *(Sachinformation zur Sprachförderarbeit)*

Vater: Erfahren wir als Eltern, wenn unser Kind in der Kleingruppe besonders gefördert wird?

Erzieherin: Sie sind unsicher, dass Sie als Eltern vielleicht nicht erfahren, wenn Ihr Kind in der Sprachfördergruppe besonders gefördert wird? *(Aktives Zuhören)*

Vater nickt.

Erzieherin: Da können wir Sie zu hundert Prozent beruhigen. Mit den Eltern der Kinder, für die eine Kleingruppe sinnvoll erscheint, wird vorher ausführlich gesprochen. Es geschieht nichts, was die Eltern nicht wissen und worüber sie nicht informiert sind. Wir erklären im Gespräch ausführlich, warum wir das Kind für die Kleingruppe vorschlagen, wie wir mit der Gruppe arbeiten und was Sie zu Hause tun können, um das Kind zu unterstützen. Auch beraten wir zusammen mit den Eltern, ob man vielleicht auch andere Fachleuten wie Logopäden ins Boot holen sollte. Aber das ist von Kind zu Kind unterschiedlich. Wie gesagt ist es uns sehr wichtig, mit Ihnen als Eltern im Sinne der Kinder zusammenzuarbeiten. *(Sachinformation/Bekräftigung der Bereitschaft zur Erziehungspartnerschaft)*

Trägervertreterin: Ich habe den Eindruck gewonnen, dass das Team sehr engagiert ist und sich gut um die Kinder kümmert. Die Sprachförderarbeit in der Kita ist individuell angelegt: Wenn wir alle gemeinsam an einem Strick ziehen und im Gespräch bleiben, können wir davon ausgehen, dass die Kinder sprachlich optimal in unserer Einrichtung gefördert werden. Wir danken den Erzieherinnen für diesen informativen Elternabend.

Auswertung des Elternabends

In der Fortbildung schildern die Erzieherinnen immer wieder, wie schwierig, aber auch, wie wichtig es ist, die eigene Arbeit nach außen transparent zu machen und kompetent zu vertreten. Fundierte Informationen auf der Sachebene und die Anwendung von aktivem Zuhören können sehr zu einem kompetenten und professionellen Auftreten beitragen.

Die Erzieherinnen sind den Eltern in diesem Rollenspiel selbstbewusst in einer Haltung von Achtung und Wertschätzung begegnet. Sie waren sehr gut vorbereitet und haben das Sprachförderkonzept der Einrichtung auf der Sachebene kompetent vertreten. Sie haben dabei auf wissenschaftliche Erkenntnisse und die entsprechende Fachliteratur verwiesen, gleichzeitig aber viel Verständnis und Empathie für die oft stressige Situation der Eltern mithilfe des aktiven Zuhörens geäußert. Es ist deutlich geworden, warum das Sprechen im Alltag so wichtig für die Sprachförderung in der Kita ist.

Bei diesem Elternabend gibt es keinen erhobenen Zeigefinger oder Schuldzuweisungen, denn die Erzieherinnen lassen erkennen, dass sie den Zeitmangel und die allgemeine Hektik eher als ein Phänomen unserer Zeit ansehen. So entsteht bei den Eltern die Bereitschaft, sich dem Sprachförderkonzept der Kita zu öffnen und sogar zu überlegen, wie man die Zusammenarbeit mit der Kita noch stärken könnte. Man hat den Eindruck, dass Erzieherinnen und Eltern in einem Boot sitzen. Alle Überlegungen zur Förderung der Kinder werden in gemeinsamen Absprachen zwischen den Eltern und den Erzieherinnen getroffen. Auf diese Weise kann Vertrauen entstehen und eine Beziehung zu den Eltern, die trägt, auch wenn es mal schwierig wird und es unterschiedliche Meinungen gibt.

Übungen zur Wahrnehmung von Kindern (Rollenspiele)

Um Eltern auf humorvolle Weise dafür zu sensibilisieren, wie Kinder sich fühlen, wenn ihnen nicht oder nur mit halbem Ohr zugehört wird, könnte man am Elternabend auch entsprechende Situationen in Rollenspielen explorieren.

1. Übung: Telefonat

Ein Elternteil könnte zum Beispiel im Rollenspiel dauerhaft telefonieren. Ein anderes Elternteil in der Rolle des Kindes versucht währenddessen, sich Gehör zu verschaffen.

2. Übung: Ablenkung der Erzieherin

Ein Elternteil könnte die Erzieherin spielen, die sehr beschäftigt ist und ein anderes Elternteil ein Kind, das der Erzieherin gerne ein Bild zeigen will, aber große Schwierigkeiten hat, ihre Aufmerksamkeit auf sich zu lenken.

Zusammenfassung

Es ist hilfreich und entlastend für die Planung eines Elterngesprächs, sich über den möglichen Verlauf und die Schwierigkeiten Gedanken zu machen. Konkret heißt das: Man hat sich mit den Inhalten, den Zielen und den eigenen Befindlichkeiten auseinandergesetzt, der Gesprächseinstieg und die Rahmenbedingungen sind vorab umrissen. Dabei kann man als Erzieherin auf die Fähigkeiten vertrauen, die man in der Ausbildung und durch die Berufserfahrung erlangt hat. Das stellt vonseiten der Erzieherin die Basis für ein weiterführendes und partnerschaftliches Gespräch mit den Eltern dar.

Im Mittelpunkt des Gesprächs stehen dann die Eltern, auf ihre Bedürfnisse und Sorgen gilt es, mit Einfühlungsvermögen einzugehen. Je nach Situation kann es sinnvoll sein, eine Kollegin dazu zu bitten oder auch beide Elternteile zu dem Gespräch einzuladen.

Im Gespräch selbst sollten die Grenzen der Beratung eindeutig sein, denn Erzieherinnen sind keine Therapeutinnen, sie können aber helfen, weitere Beratungsmöglichkeiten vorzuschlagen und zu suchen.

Wichtig ist, dass Erzieherinnen den Eltern auf der Sachebene mit fachlicher Kompetenz und auf der Beziehungsebene mit Wertschätzung und Achtung begegnen. Beide Seiten sollten im Sinne einer guten und vertrauensvollen Erziehungs- und Bildungspartnerschaft zusammenarbeiten. Humor ist dabei immer sehr förderlich.

9.
Einfühlsam reagieren – Mit den Jüngsten und deren Eltern in der Kita kommunizieren

In diesem Kapitel erfahren Sie

- **dass vor allem die nichtsprachliche Seite der Kommunikation eine wichtige Rolle im Umgang mit den Jüngsten spielt**
- **wie man das aktive Zuhören, Ich-Botschaften und Empathie im Umgang mit den Jüngsten einsetzen kann**
- **dass die Versprachlichung der Gefühle und Handlungen zugleich auch Sprachförderung ist**
- **wie man das Gespräch mit den Eltern der Jüngsten partnerschaftlich gestaltet**

Kindertagesstätten öffnen sich immer mehr auch für die Kinder unter drei Jahren. Grund genug, sich bewusst zu machen, worauf es in der Kommunikation mit diesen jungen Kindern ankommt, damit sie sich aufgehoben und geborgen fühlen sowie tragfähige Bindungen und Beziehungen zu den Erzieherinnen aufbauen können.

Für Kinder, die noch nicht oder nur wenig sprechen können, gewinnt die nichtsprachliche Kommunikation eine große Bedeutung. Sehr junge Kinder haben eine ganz besondere Fähigkeit, Gesichter und Menschen auch aus anderen Kulturkreisen, ja sogar Affengesichter voneinander zu unterscheiden. Diese Fähigkeit verliert sich nach einigen Monaten, sie können dann nur noch Gesichter aus dem eigenen Kulturkreis unterscheiden (vgl. Höhl: Schau mir in die Augen, Kleines, S. 54).

Je jünger Kinder sind, umso mehr treten wir über unsere Körpersprache und besonders auch über unseren Tonfall in Beziehung mit ihnen. Bei sehr jungen Kindern wird die Stimme der Erwachsenen intuitiv höher, die Satzmelodie verändert sich und bestimmte Worte im Satz werden der Wichtigkeit entsprechend besonders betont. Das entspricht dem Entwicklungsstand der Kinder, da sie hohe Töne besser aufnehmen können und auch leichter der gesprochenen Sprache folgen können, wenn die wichtigen Wörter mehr betont werden.

Junge Kinder sind wie Seismographen und nehmen ungefiltert alles auf, was sie in ihrer Umgebung an Sinnesreizen erfahren. Das gilt auch schon für die Zeit vor der Geburt. Die Neurobiologie hat mittlerweile eindeutig nachgewiesen, dass sich bereits im Mutterleib die Stimmungen der Mutter und ihre Gefühle auf das Kind übertragen, so entstehen wesentliche Prägungen im Gehirn. Kinder können nach der Geburt die Stimme der Mutter erkennen, ein Zeichen, dass der Hörsinn des Kindes schon vor der Geburt nach außen gerichtet ist (vgl. Höhl: Schau mir in die Augen, Kleines, S. 53).

9.1 Kommunikation mit den Jüngsten

Für die Arbeit mit den jungen Kindern bedeutet dies, dass der nichtsprachlichen Kommunikation besondere Aufmerksamkeit geschenkt werden muss. So ist es wichtig, Blickkontakt zu den Kindern herzustellen, sie anzulächeln, ihnen zuzunicken. Ein freundlicher Umgangston gehört ebenso dazu, wie eine Sprache, die dem Alter und Entwicklungsstand der Kinder entspricht. Auch eine freundliche körperliche Berührung, das Anbieten von Körperkontakt, ohne ihn aufzudrängen, helfen den Jüngsten, sich aufgehoben und geborgen zu fühlen.

Selbstreflexion als Voraussetzung

Deshalb ist es als Erzieherin sehr wichtig, sich der eigenen Befindlichkeit im Umgang mit den jungen Kindern bewusst zu sein. Der Kinderpsychiater Michael Winterhoff schreibt dazu: »Nirgends ist innere Ruhe bei Erwachsenen so entscheidend wie im Umgang mit Kindern. Alle pädagogischen Bemühungen, Erziehungsstile und -modelle können sich nicht auswirken, wenn die Voraussetzungen für die kindliche Psyche nicht vorhanden sind.« (Winterhoff: Lasst Kinder wieder Kinder sein!, S. 149)

Kinder können nicht nachfragen und sich nicht abgrenzen. Sie nehmen alles auf, was sie an positiver, aber auch negativer Zuwendung, an atmosphärischen Strömungen erfahren. Nicht alle Tage sind gleich, manchmal sind private Belastungen auszuhalten, es kann einem gesundheitlich nicht so gut gehen, manchmal ist man einfach urlaubsreif. Durch achtsame und bewusste Selbstreflexion kann es ein Stück weit gelingen, die eigenen Belastungen und Stressfaktoren möglichst wenig in die Arbeit zu tragen, denn die Kinder sind betroffen von jeder Missstimmung, jedem lauten Wort, jeder ungeduldigen Geste, jedem zu harten Angefasstwerden am Wickeltisch.

Gute Teamarbeit ist wichtig

Eine gute Teamarbeit ist deshalb besonders im Krippenbereich sehr wichtig. Je besser die Erzieherinnen sich verstehen, gegenseitig stützen und unterstützen, umso größer ist die Chance, dass die Kinder liebevolle und weniger gestresste Erzieherinnen um sich haben. Eine unterkühlte Atmosphäre, in der nur das Nötigste gesprochen wird und die Erzieherinnen wenig Freundlichkeit ausstrahlen, wirkt sich ungünstig auf die innere Ruhe und das Wohlbefinden der Kinder aus. Je ausgeglichener und entspannter Erzieherinnen in der Arbeit sind, dies auch durch ihre Körpersprache und ihren Tonfall ausdrücken, umso entspannter ist die Atmosphäre, umso entspannter sind die Kinder, umso leichter entwickeln sich vertrauensvolle und tragfähige Beziehungen. Die Kinder erfahren so die für ihre Entwicklung notwendige Wertschätzung.

Genaue Beobachtung des Verhaltens

Bei Kindern, die noch nicht sprechen können oder nur einen geringen Wortschatz haben, spielt das aufmerksame Lesen der Körpersprache und das richtige Verstehen eine große Rolle. Voraussetzung dafür ist die achtsame und sorgfältige Beobachtung der Kinder, um wahrnehmen zu können, wie sie ihre Bedürfnisse äußern.

Lautliche Äußerungen wie Schreien und Weinen bedürfen der Interpretation durch einfühlsame Erwachsene, damit die Bedürfnisse der Kinder verstanden und befriedigt werden können. Manchen Erwachsenen gelingt es sogar, an der Art des Schreiens herauszufinden, was das Kind gerade zum Ausdruck bringen will.

Versprachlichung der inneren Befindlichkeit eines Kindes

Aktives Zuhören bedeutet in diesem jungen Alter zunächst, die Bedürfnisse des Kindes wahrzunehmen und durch aktives Handeln darauf einzugehen. Durch handlungsbegleitendes Sprechen kann man gleichzeitig die Befindlichkeit und die Gefühle des Kindes versprachlichen.

Beispiel: Bibiana – Erzieherin

Bibiana, ein Jahr und sechs Monate, mag nicht mehr spielen, quengelt und ist sehr unleidlich. Die Erzieherin nimmt sie auf den Arm: Das Kind legt den Kopf an die Schulter der Erzieherin und schiebt seinen Daumen in den Mund.

> Erzieherin: Ich glaube, du bist ein wenig müde. Jetzt ist Zeit für ein Mittagsschläfchen.
> *Sie geht mit Bibiana zu ihrem Bett und legt sie behutsam hinein. Bibiana verzieht das Gesicht zum Weinen.*
> Erzieherin: Du brauchst noch deinen Gustav.
> *Sie gibt Bibiana ihren Kuschelbär. Das Kind entspannt sich und schläft ein.*

Auswertung

In diesem Beispiel ist es der Erzieherin gut gelungen, die körpersprachlichen Äußerungen von Bibiana richtig zu deuten, darauf einzugehen und mit handlungsbegleitendem Sprechen ihre Bedürfnisse und Gefühle zu begleiten. Bibiana fühlte sich von der Erzieherin verstanden, das drückt sich über ihre Körpersprache aus. Sie legt den Kopf an die Schulter der Erzieherin, schließlich entspannt sie sich, nachdem sie ihr Kuscheltier nehmen konnte. Die Kommunikation lief vonseiten des Kindes nur über die Körpersprache, vonseiten der Erzieherin über Körpersprache sowie handlungsbegleitendes Verbalisieren der Gefühle und Befindlichkeit des Kindes. Durch das Versprachlichen der Gefühle lernen die Kinder, ihren eigenen Gefühlen und Bedürfnissen Worte zuzuordnen. Das führt dazu, dass sie sich selbst besser kennenlernen und auch später eher in der Lage sein werden, sich auszudrücken und anderen etwas über ihre Befindlichkeit mitzuteilen.

Versprachlichung von Kinderhandlungen

Oft ist es das Zusammenspiel von sprachlichen und nichtsprachlichen Äußerungen, das die Erzieherin genau wahrnehmen muss.

Beispiel: Benjamin – Erzieherin

Benjamin, zwei Jahre, rennt im Außengelände weinend auf die Erzieherin zu. Die Erzieherin fängt ihn auf und nimmt ihn tröstend auf den Arm. *(Aktives Zuhören über die Körpersprache)*

Erzieherin: Benjamin, was ist denn?
Benjamin: Ball!
Erzieherin: Du möchtest einen Ball haben? *(Aktives Zuhören)*
Benjamin schreit noch mehr.
Erzieherin: Hat dir jemand den Ball weggenommen?
Benjamin *(beruhigt sich etwas)*: Moritz.
Erzieherin: Moritz hat dir den Ball weggenommen?
Benjamin nickt.
Erzieherin: Du hast dich sehr über Moritz geärgert, du willst den Ball wieder haben! *(Aktives Zuhören)*
Benjamin: Moritz ist böse.
Erzieherin: Du bist sehr wütend auf Moritz! *(Aktives Zuhören)*
Benjamin nickt.
Erzieherin: Was sollen wir machen?
Moritz nimmt die Erzieherin an die Hand und zieht sie zu Moritz. Nun verhandeln die drei über den weiteren Verbleib des Balles.

Auswertung

In diesem Fall gibt die Erzieherin dem Kind zunächst durch ihre Körpersprache die notwendige Geborgenheit. Schließlich wird durch Nachfragen deutlich, dass Benjamin der Ball abgenommen wurde und er sich darüber sehr geärgert hat. Die Erzieherin ist auf die körpersprachlichen Signale des Kindes eingegangen und hat sie begleitend verbalisiert. Auf diese Weise hat sich Benjamin verstanden und angenommen gefühlt. Er kann sich beruhigen, als die Erzieherin den Sachverhalt richtig verstanden hat. Auch der Satz »Du bist wütend auf Moritz« trägt dazu bei, dass Benjamin noch mehr zur Ruhe kommt und schließlich wieder aktiv werden kann. Der Erzieherin ist es gelungen, das Kind mit seinen Gefühlen richtig wahrzunehmen und diese auch zu versprachlichen. Das Beispiel zeigt, dass man das aktive Zuhören auch gut schon bei sehr jungen Kindern anwenden kann, wenn sie über einen gewissen Wortschatz verfügen.

Versprachlichen der eigenen Handlungen als Erzieherin

Beschäftigt sich die Erzieherin etwa beim Wickeln mit den jungen Kindern, baut sie sowohl mit ihrer Körpersprache als auch mit der Versprachlichung ihrer eigenen Handlungen und Tätigkeiten eine emotionale Beziehung zu dem Kind auf. Sie hilft dem Kind, sich die Welt auch mit der Sprache zu erschließen und zu deuten. Es lernt so, die Worte den Situationen, Erlebnissen und Gegenständen zuzuordnen. Schon ganz früh wird die Sprache und die eigene Ausdrucksfähigkeit gefördert. Zugleich vermittelt die altersangemessene Sprache, das Tempo, die Betonung oder auch die Tonlage die Wertschätzung der Erzieherin für das Kind. Der körpersprachliche Dialog entwickelt sich, indem die Erzieherin möglichst viele Äußerungen des Kindes registriert, deutet, versprachlicht und dessen Reaktion wahrnimmt. Das Kind wiederum lernt, dass seine eigene Körpersprache wahrgenommen wird und bei der Erzieherin entsprechende Reaktionen auslöst. Schon in diesem jungen Alter können Kinder ein Gefühl der eigenen Selbstwirksamkeit entwickeln. Diese Art der Kommunikation trägt zu einer vertrauensvollen und engen emotionalen Bindung zwischen Erzieherin und Kind bei.

Übung zur Körpersprache und deren Wahrnehmung

Die folgende pantomimische Übung kann dabei helfen, sich der eigenen Körperwahrnehmung bewusster zu werden sowie die Körpersprache der anderen zu beobachten und mit Worten zu beschreiben. Führt man die Übung in Partnerarbeit durch, können sich die Partner gegenseitig Rückmeldung geben. Gegebenenfalls können auch verschiedene Varianten ausprobiert und ihre Wirkung diskutiert werden. Je nach Gruppengröße können zwei Gruppen gebildet werden. Die Teilnehmerinnen bekommen Karteikarten, auf denen ein Gefühl steht, das sie im Stehen, Sitzen oder Gehen ausdrücken sollen. Jeder zieht sich eine Karte.

Arbeitsauftrag

Stellen Sie das Gefühl dar, indem Sie die passende Körperhaltung, Gestik und Mimik einnehmen, verzichten Sie auf Worte. Der Ausspruch hilft Ihnen vielleicht, sich besser in das jeweilige Gefühl einzufinden.

1. Im Stehen

traurig	»Mein Urlaub fällt dieses Jahr ins Wasser.«
wütend, zornig	»Zum Donnerwetter nochmal, jetzt reicht's!«
kribbelig, nervös	»Wann geht das denn endlich weiter?«
selbstbewusst	»Ich weiß, was ich will!«

2. Im Gehen

nachdenklich, meditativ	»Als Gott die Welt erschuf ...«
ärgerlich, sauer	»Das wollen wir doch mal sehen!«
in freudiger Erwartung	»Ich freue mich! Das wird bestimmt ganz toll!«
zielgerichtet, energisch	»Das schaffe ich noch! Gleich bin ich da!«

3. Im Sitzen

offen, aufmerksam	»Was Sie sagen, interessiert mich!«
ängstlich	»Am liebsten würde ich mich ins Mauseloch verkriechen!«
verschlossen, abweisend	»Lasst mich bloß in Ruhe!«
auf dem Sprung sein, hektisch	»Ich bin eigentlich schon weg!«

In diesem Zusammenhang sind die Bücher zur nonverbalen Kommunikation mit vielen ausdrucksstarken Bildern zur Körpersprache von Samy Molcho besonders empfehlenswert; vor allem der Titel »Körpersprache der Kinder« soll hier besonders erwähnt werden.

9.2 Die besondere Situation der Eltern

Besonders die Eltern der Jüngsten nehmen intuitiv die Körpersprache ihrer Kinder, die Körpersprache und Ausstrahlung der Erzieherinnen sowie die Atmosphäre in der Einrichtung wahr. Sie gehen davon aus, dass sie selbst die Umgebung und die Situationen deuten müssen, weil ihre Kinder noch nicht die sprachlichen Fertigkeiten besitzen, Erleben und Befindlichkeiten mitzuteilen. Am Verhalten ihrer Kinder können sie erkennen, ob das Kind gerne kommt, sich von ihnen lösen kann, Freude ausdrückt, wenn es die Erzieherinnen sieht oder zurückschreckt und sich an die Eltern klammert. Eltern, die während der Eingewöhnung, beim Bringen oder Abholen der Kinder über die Körpersprache der Erzieherinnen Freundlichkeit und Zugewandtheit wahrnehmen und erleben können, lassen ihre Kinder entspannt und gerne in der Einrichtung. Das wirkt sich wiederum sehr positiv auf die Befindlichkeit der Kinder aus. Zitat einer Mutter: »Das wichtigste für mich ist, dass Benjamin gerne zu der Erzieherin geht und freundlich von ihr begrüßt wird. Dann kann ich gut weggehen und mache mir weniger Sorgen.«

Respekt und Achtung vor unterschiedlichen Lebensentwürfen

Die Kommunikation mit den Eltern der Jüngsten stellt an die Professionalität der Erzieherinnen besonders hohe Anforderungen. Vor allem bei dieser Elterngruppe begegnet man sehr vielen unterschiedlichen Haltungen, Einstellungen, Wertvorstellungen und Befindlichkeiten:

- Viele Mütter dieser sehr jungen Kinder sind innerlich ganz eng mit ihren Kindern verbunden und es fällt ihnen ausgesprochen schwer, sich von ihnen zu trennen und sie schon so schnell nach der Geburt in die Einrichtung zu geben. Sie fühlen sich zu diesem Schritt aus unterschiedlichen Gründen mehr oder weniger gezwungen. Einerseits möchten sie, dass ihre Kinder unter Kinder kommen und besonders im sozialen Bereich gefördert werden. Sie möchten ihnen alle Entwicklungschancen geben und nichts mit Blick auf ihre Förderung versäumen. Zitat einer Mutter: »Am liebsten würde ich Lena noch bei mir zu Hause lassen. Aber sie hätte dann kein anderes Kind zum Spielen, weil alle anderen Kinder in der Nachbarschaft in der Kita sind. Der Spielplatz ist leer, man findet einfach außerhalb der Kita keine anderen Kinder und andere Mütter in diesem Alter.«
- Wirtschaftliche Gründe, besonders bei Alleinerziehenden, tragen ebenfalls dazu bei, sich sehr früh um einen Kitaplatz zu bewerben. Auch wenn die Eltern sich noch sehr eng mit den Kindern verbunden fühlen, sehen sie sich gezwungen, das Kind in die Kita zu geben. Das eigene Gefühl spricht dann oft eine ganz andere Sprache.
- Wieder andere Eltern müssen ihr Studium beenden und brauchen deshalb dringend einen Kitaplatz. Zitat: »Als Moritz auf die Welt kam, war ich kurz vor dem Staatsexamen. Ich musste ihn unterbringen, sonst hätte ich mein Studium nicht beenden können. Es war nicht leicht, aber ich hatte keine andere Wahl, zumal meine Mutter auch nicht in der Nähe lebt.«

- Andere sehen ihren wichtigsten Lebensinhalt in der beruflichen Selbstverwirklichung und geben der gemeinsam verbrachten Zeit mit ihren Kindern weniger Bedeutung. Zitat: »Ich kann in meinem Beruf nicht längere Zeit aussetzen, wenn ich nicht erhebliche Nachteile in Kauf nehmen oder schließlich ganz rauskommen will.«

So vielschichtig und vielseitig unsere Gesellschaft ist, so unterschiedlich sind auch die Haltungen, Wertvorstellungen, Verhaltensweisen und Erwartungen der Eltern an die Kita. Um professionelle Gespräche in einer partnerschaftlichen Haltung von Achtung und Wertschätzung führen zu können, ist die Auseinandersetzung mit den eigenen Einstellungen und Wertvorstellungen unbedingt notwendig. Je nachdem wie man selbst eingestellt ist, kann es schwerer oder leichter sein, sich auf die Eltern einzustellen. Zitate von Erzieherinnen:

- »Ich weiß gar nicht, warum Frau B. sich so schwer tut, ihr Kind abzugeben. Ben hat doch hier alles, was er braucht.«
- »Ich frage mich, warum Frau M. so schnell wieder arbeitet. Sie sollte sich lieber um ihr Kind kümmern, statt es schon so früh in der Kita abzugeben.«

Erziehungspartnerschaft hilft den Jüngsten beim Aufbau tragfähiger Beziehungen

Besonders bei diesen sehr jungen Kindern ist es notwendig, dass Erzieherinnen und Eltern sich in einer Haltung von Wertschätzung begegnen, damit die Kinder zu beiden Seiten gute und tragfähige Bindungen und Beziehungen aufbauen können. Kinder leiden unter Missstimmigkeiten ihrer Bezugspersonen. Professionalität in Bezug auf die Elternarbeit und Gesprächsführung besonders im Krippenbereich bedeutet auch, dass Erzieherinnen wertschätzend mit allen Eltern umgehen, auch wenn sie nicht mit deren Vorstellungen und Haltungen übereinstimmen.

Die Haltung von Wertschätzung ist auch dann hilfreich, wenn es Meinungsverschiedenheiten gibt, indem Eltern nicht mit der Konzeption der Einrichtung übereinstimmen und das Kind zum Beispiel ohne ausreichende Eingewöhnungszeit in der Kita lassen wollen. Hier geht es darum, auf der Sachseite klar zu formulieren, wissenschaftliche Erkenntnisse aus der Bindungsforschung darzustellen und trotzdem mit der Beziehungsseite sensibel und wertschätzend umzugehen. Andere Eltern wiederum, die sich noch nicht so schnell von ihrem Kind trennen wollen und müssen, können darin bestärkt werden, sich noch mehr Zeit zu lassen und die gemeinsame Zeit mit ihrem Kind zu genießen. Wichtig ist, dass Eltern so weit wie möglich hinter ihrer Entscheidung stehen und dem Kind gegenüber eine eindeutige und klare Haltung einnehmen.

Gesprächsbeispiel über die Aufnahme in die Kita

Die dem folgenden Gesprächsbeispiel zugrunde liegende Problematik ist von einer Erzieherin im Kurs eingebracht worden. In der Kleingruppe wurde darüber gesprochen und anschließend im Rollenspiel erprobt, wie die Sorgen der Mutter durch aktives Zuhören zur Sprache kommen können.

Erzieherin: Jetzt haben wir alle Formalitäten erledigt. Ich freue mich, wenn Paul bald in die Kita kommt.

Mutter: Na ja, hoffentlich klappt es auch. Ich habe da so meine Bedenken.

Erzieherin: Sie sind unsicher, ob Paul sich in der Kita wohlfühlen wird. *(Aktives Zuhören)*

Mutter: Ja, er war bisher immer nur mit mir allein. Meine Freundin hat zwar auch ein Kind in seinem Alter, und wir haben uns oft getroffen, aber irgendwie ist die Kita ja doch etwas anderes. Ich weiß nicht, wie er bei so vielen Kindern zurechtkommen wird.

Erzieherin: Sie haben Bedenken, dass die Gruppe ihn vielleicht überfordert und er in der Allgemeinheit untergeht. *(Aktives Zuhören)*

Mutter: Ja, genau. Und Sie können bei so vielen Kindern ja auch nicht jedes Kind im Auge haben. Er ist doch erst zwei Jahre alt.

Erzieherin: Der Anfang in der Kita ist für viele Kinder schwierig und bedeutet eine große Umstellung: Wie Sie ja gerade gesagt haben, Paul erlebt zum ersten Mal eine Gruppe mit anderen Kindern und muss sich für eine Weile von Ihnen trennen und mit anderen Erwachsenen in Kontakt treten. *(Sachinformation)*

Mutter: Ja, das wird nicht einfach, auch nicht für mich. Paul war nun zwei Jahre lang der Mittelpunkt meines Lebens, und jetzt habe ich ihn am Vormittag nicht mehr zu Hause. Das wird mir sicher ganz schön schwerfallen, auch wenn ich mich darauf freue, wieder berufstätig zu sein.

Erzieherin: Das kann ich gut verstehen. Einerseits freuen Sie sich auf neue Aufgaben im Beruf, andererseits fällt es Ihnen auch schwer, Paul loszulassen. *(Aktives Zuhören)*

Mutter: Aber was mache ich, wenn Paul weint und nicht in der Kita bleiben will?

Erzieherin: Wie schon besprochen, haben wir ja vorher die Eingewöhnungszeit. In dieser Zeit kann Paul in Ruhe Kontakt zur Erzieherin aufbauen und auch die anderen Kinder beschnuppern. Sie sind ja dabei und können sich ein Bild davon machen, wie wir hier mit den Kindern umgehen und den Tagesablauf gestalten. Wir werden Sie und Paul auf keinen Fall allein lassen, wenn es wirklich zu Eingewöhnungsschwierigkeiten über die übliche Eingewöhnungszeit hinaus kommen sollte. *(Sachinformation)*

Mutter: Da bin ich jetzt aber erleichtert, dass ich mit Ihnen gesprochen habe. Jetzt geht es mir ein wenig besser.

Erzieherin: Das freut mich. Sie können sich jederzeit an mich wenden, wenn Sie Fragen haben oder wenn der Schuh irgendwo drückt. Uns ist es sehr wichtig, von Anfang an ein gutes Vertrauensverhältnis zu den Eltern aufzubauen.

Auswertung des Gesprächs

Bei diesem Gespräch wird deutlich, in welchem Zwiespalt sich die Mutter in Bezug auf den geplanten Kitabesuch Pauls befindet. Einerseits freut sie sich auf die Berufstätigkeit, andererseits weiß sie, dass sie Paul sehr vermissen wird. Einerseits möchte sie, dass er unter Kinder kommt, andererseits hat sie Angst, dass ihn die große Kindergruppe überfordern wird. Es tut ihr sehr gut, dass die Erzieherin Verständnis zeigt, indem sie aktives Zuhören anwendet. Die Mutter fühlt sich verstanden, angenommen und aufgehoben. Sie ist sehr erleichtert und nimmt die Zusage dankbar an, nicht alleingelassen zu werden, wenn es nach der Eingewöhnung doch noch zu Schwierigkeiten kommen sollte.

Die Erzieherin wendet in diesem Gespräch aktives Zuhören an, lässt die Gefühle der Mutter ohne Bewertung gelten und hilft ihr damit, etwas Abstand von ihrem Problem zu bekommen und langsam auch wieder positivere Seiten zu sehen. Es kommt erstaunlich oft vor, dass Menschen, die Gelegenheit hatten, über ihre Probleme und die damit verbundenen Gefühle zu reden, von sich aus anfangen, ein Stück weit zu relativieren und auch wieder die Lichtblicke wahrzunehmen.

Viele junge Mütter fühlen sich sehr unsicher im Hinblick auf die Erziehung ihrer Kinder. Sie möchten das Beste und haben doch Bedenken, ob das, was allgemein dafür gehalten wird, auch tatsächlich geeignet für sie und ihre Kinder ist. Schnell stellen sich viele die Frage, ob sie bisher alles richtig gemacht haben, besonders wenn die Kinder in sehr jungem Alter die Einrichtung besuchen sollen und vielleicht Schwierigkeiten damit haben. Wie Erzieherinnen mit den zwiespältigen Gefühlen von Eltern umgehen, hängt immer von der Situation und den jeweiligen Personen ab. Manchmal kann es sicher auch sinnvoll sein, den Eltern den Rücken stärken und ihnen Mut zu machen, auf ihre eigenen Gefühle zu hören und das Kind noch ein wenig länger zu Hause zu lassen.

Zusammenfassung

Im Umgang mit den Jüngsten ist eine achtsame und wertschätzende Kommunikation, in der sich die Kinder angenommen und verstanden fühlen, von ausschlaggebender Bedeutung für die gesamte Entwicklung des Kindes und den Beziehungsaufbau zu den Erzieherinnen in der Einrichtung. Dem Bereich der nichtsprachlichen Kommunikation ist dabei besondere Aufmerksamkeit zu widmen. Diese Art des Umgangs mit den Kindern erfordert sehr viel Zeit und Achtsamkeit vonseiten der Erzieherinnen sowie die Bereitschaft, die Kinder genau zu beobachten und wahrzunehmen. Aktives Zuhören bedeutet im Umgang mit den Jüngsten deren Körpersprache zu entschlüsseln, einfühlsam und empathisch darauf einzugehen. Versprachlichen von Tätigkeiten, Handlungen und Befindlichkeiten sowohl ihrer eigenen als auch der der Kinder fördert die Beziehung zwischen Kind und Erzieherin, es ist gleichzeitig eine Möglichkeit, die Kinder in ihrer sprachlichen Entwicklung zu unterstützen.

Die Eltern der Jüngsten sind besonders sensibel für die Stimmung und Atmosphäre, die sie in der Kita wahrnehmen. Ihre Sorgen, Wünsche oder auch Nöte tragen sie häufig stärker in die Kita als die Eltern älterer Kinder, sie nehmen sich als Fürsprecher für ihre Kinder wahr. Diese Elterngespräche setzen bei den Erzieherinnen viel Kompetenz, Toleranz und Professionalität voraus. Das aktive Zuhören und die Ich-Botschaften können dazu beitragen, dass zwischen Erzieherinnen und Eltern ein partnerschaftliches Klima von Wertschätzung und Akzeptanz geschaffen wird, in dem sich auch schon sehr junge Kinder wohlfühlen können.

Nachwort

In diesem Buch ist deutlich geworden, dass Gesprächsführung in Kindergarten und Kita viel mehr ist als ein Erlernen von Techniken. Grundvoraussetzung ist eine wertschätzende Haltung gegenüber Kindern, Eltern und im Team, die Bereitschaft, den anderen Menschen mit Achtsamkeit und Respekt zu begegnen, aber auch auf sich selbst zu achten und die eigenen Grenzen bewusst wahrzunehmen. Für Erzieherinnen, die täglich hohen Anforderungen und Erwartungen ausgesetzt sind, gewinnt das Achten und Respektieren der eigenen Grenzen eine immer größere Bedeutung.

Dieses Buch will trotzdem Mut machen und dazu anregen, förderliche Formen des Umgangs miteinander zu wagen und zu erproben. Vielleicht ist es für manche Leserin ein Anstoß, tiefer in den Bereich der Kommunikation und Gesprächsführung einzusteigen, aufmerksamer auf andere und auf sich selbst zu achten und auf diese Weise die eigene Persönlichkeit weiterzuentwickeln.

Allen, die sich entschließen, in dieser Richtung weiterzuarbeiten, wünsche ich viele gute und neue Erfahrungen mit sich selbst und anderen.

Ich möchte dieses Buch schließen mit Gedanken, die Virginia Satir, eine bekannte Familientherapeutin, niedergeschrieben hat:

> Mit neuen Augen zu schauen und neue Möglichkeiten zu entdecken heißt nicht, alles hinter sich zu lassen, was in der Vergangenheit vertraut und angenehm war. Es bedeutet vielmehr, ab und zu Zwischenbilanz zu ziehen. Damit meine ich, zu sortieren, was mir bisher geholfen hat, um es beizubehalten, all das, was nicht mehr hilfreich ist, loszulassen, und schließlich Neues hinzuzufügen, soweit ich es noch benötige.

(aus V. Satir: Meine vielen Gesichter –
Wer bin ich wirklich?, S. 70 f.)

Lösungsvorschläge

Auswertung der Übung von S. 23 »Die vier Seiten einer Nachricht«

1. Äußerung der Mutter: »Wenn ich an die Schule denke, wird in diesem Kindergarten viel zu viel gespielt und zu wenig gearbeitet.«
Sachseite: »In diesem Kindergarten wird viel zu viel gespielt und zu wenig gearbeitet.« – Selbstoffenbarungsseite: »Ich bin besorgt, dass Lea nicht genügend auf die Schule vorbereitet wird.« – Beziehungsseite: »Ihre Meinung zu diesem Thema ist mir wichtig.« – Appellseite: »Bitte informieren Sie mich darüber, wie Sie die Kinder auf die Schule vorbereiten.«

2. Äußerung der Kollegin: »Immer muss ich die ganze Arbeit allein machen!«
Sachseite: »Immer muss ich die ganze Arbeit allein machen.« – Selbstoffenbarungsseite: »Ich fühle mich ausgenutzt.« – Beziehungsseite: »Ich bin wütend auf dich! «– Appellseite: »Hilf mir bitte endlich!«

3. Äußerung eines Kindes: »Schau mal, ich habe eine neue Haarspange!«
Sachseite: »Ich habe eine neue Haarspange!« – Selbstoffenbarungsseite: »Ich bin stolz und freue mich!« – Beziehungsseite: »Wie findest du meine neue Spange?« – Appellseite: »Freu dich mit mir! Bewundere meine Spange!«

Auswertung der Übung 1 von S. 60 »Unterschiedliche Beratungsreaktionen«

Zu Gesprächssituation 1:

a) Diese Äußerung zu Beginn eines Gespräches ist verfrüht, weil die Erzieherin noch nicht genügend Informationen hat.
b) Diese Äußerung beinhaltet eine massive Abwertung der gesamten Familie und blockiert deshalb ein weiteres Gespräch.
c) Hier wird eine Bagatellisierung vorgenommen, die der Mutter das Gefühl gibt, mit ihren Sorgen nicht ernst genommen zu werden.
d) Die Erzieherin versucht, die Mutter von ihrem Problem abzulenken. Sie macht deutlich, dass sie im Augenblick nicht bereit ist, das Problem zu besprechen. Das Gespräch ist daher schon von Anfang an blockiert.
e) Die Erzieherin wendet hier aktives Zuhören an und geht auf die Gefühle der Mutter ein. Damit gibt sie ihr das Gefühl, ernst genommen und verstanden zu werden.
f) Dieser Rat ist zu Beginn eines Gespräches und ohne Kenntnis des genauen Sachverhaltes unangebracht, kann jedoch zu einem späteren Zeitpunkt sinnvoll sein.

Zu Gesprächssituation 2:

a) Hier wird ein Ratschlag gegeben, der oberflächlich ist, auch wenn er gut gemeint ist, weil die Erzieherin viel zu wenig über die Mutter und deren Situation weiß, als dass sie das Recht hätte, einen solchen Rat zu erteilen.

b) Hier wird eine Abwertung der Mutter vorgenommen, indem ihr das Recht auf ihre Gefühle abgesprochen wird, da sie in den Augen der Erzieherin keinen Grund hat, so zu empfinden. Eine solche Äußerung kann als herabsetzend und demütigend erlebt werden und wird die Mutter möglicherweise noch mehr in ihrem momentanen Tief verstärken, obwohl die Erzieherin es wahrscheinlich gut gemeint hat.

c) Durch diese Reaktion mit aktivem Zuhören fühlt sich die Mutter verstanden und auch mit ihren im Moment wenig liebevollen Gefühlen den Kindern gegenüber akzeptiert. Dies wirkt immer entlastend und bietet die Möglichkeit, auch wieder positive Gefühle zu entwickeln.

d) Die Mutter bekommt durch diese Reaktion vermutlich auch noch ein schlechtes Gewissen, weil ihr indirekt gesagt wird, sie sei eine schlechte Mutter. Dies ist sehr verletzend und die Mutter wird nach einer solchen Reaktion mit Sicherheit nicht mehr weiterreden.

Zu Gesprächssituation 3:

a) Hier wendet die Erzieherin aktives Zuhören an. Der Vater hat nun die Möglichkeit, mehr über das konkrete Problem und seine Gefühle dazu zum Ausdruck zu bringen.

b) Hier wird eine unangemessene Bagatellisierung des Problems vorgenommen, indem die Erzieherin indirekt mitteilt, dass es ihrer Meinung nach überhaupt kein Problem gibt, über das gesprochen werden müsste.

c) Diese Äußerung drückt Mitleid aus, führt aber nicht weiter. Möglicherweise fühlt der Vater sich dadurch noch schlechter als vorher, zumal der Ausdruck »etwas am Hals haben« eher negativ besetzt ist. Es klingt so, als meine die Erzieherin, dem Vater seien die Probleme lästig, in Wirklichkeit bedrücken und bedrängen sie ihn aber sehr.

d) Dieser Satz kann möglicherweise vom Vater als Vorwurf erlebt werden, weil er keine andere Lösung gefunden hat, obwohl er weiß, dass seine Schwiegermutter eigentlich zu alt ist.

Zu Gesprächssituation 4:

a) Die Erzieherin spielt das Problem herunter und versucht auf diese Art die Sorgen der Mutter zu zerstreuen. Ein weiteres Gespräch ist hier nicht mehr möglich.

b) Das ist eine ähnliche Reaktion wie bei Reaktion a. Sie ist am Anfang eines Gespräches nicht angebracht, da die Mutter zu wenig Zeit hatte, über ihre Sorgen zu reden.

c) Hier wendet die Erzieherin aktives Zuhören an und öffnet damit der Mutter die Tür zum Weiterreden.

d) Diese Reaktion ist unangemessen, weil die Mutter dadurch das Gefühl hat, dass weder sie selbst noch das Kind mit seinem Problem ernst genommen wird. Zusätzlich wird die Mutter in eine Verteidigungsrolle gedrängt, indem man ihr unterstellt, sie spiele das Weinen von Hannes hoch.

e) Hier reagiert die Erzieherin mit einen Vorwurf, indem sie die Mutter für das Weinen von Hannes verantwortlich macht. Sie unterstellt gleichsam, dass die Trennungsprobleme des Kindes eigentlich die Trennungsprobleme der Mutter sind. Möglicherweise hat sie mit dieser Vermutung Recht. In jedem Fall aber bedarf es eines vertrauensvollen Gespräches, um die Mutter auf diesen Sachverhalt aufmerksam zu machen und ihr zu helfen, ihre eigenen Trennungsschwierigkeiten zu überwinden.

Zur Gesprächssituation 5:

a) Die Anleiterin reagiert moralisierend und belehrend auf den Ausbruch der Praktikantin. Die Praktikantin wird sich durch diese Äußerung zurechtgewiesen und herabgesetzt fühlen, da weder auf ihr Gefühl noch auf den Inhalt ihrer Äußerung eingegangen wird.

b) Die Anleiterin droht der Praktikantin, indem sie indirekt auf das Zeugnis verweist. Die Praktikantin fühlt sich dadurch klein gemacht, bedroht und in die Rolle der Abhängigen gedrängt.

c) Die Anleiterin gibt der Praktikantin durch das aktive Zuhören zu verstehen, dass sie ihren Ausbruch ernst nimmt und wissen möchte, was der Grund für ihren Ärger ist.

d) Mit dieser Reaktion wertet die Anleiterin die Praktikantin aufgrund ihrer Unerfahrenheit ab und vermittelt ihr keinerlei Wertschätzung. Diese würde ihr aber gerade wegen ihres noch wenig durch Gewohnheit verstellten Blickes für die Arbeit im Kindergarten zustehen. Sie schließt in ihrer Äußerung aus, dass auch ältere, erfahrene Kolleginnen von den Praktikantinnen etwas lernen können.

e) Die Anleiterin macht der Praktikantin in dieser Äußerung schwere Vorwürfe für ihr Verhalten. Außerdem versucht sie, die Praktikantin ins Unrecht zu setzen mit dem Hinweis, dass alle sich so große Mühe mit ihr geben. Zum Schluss folgt dann noch eine kleine Moralpredigt, durch die die Praktikantin vollends mundtot gemacht werden soll.

Zu Gesprächssituation 6:

a) Die Erzieherin spricht dem Kind die Berechtigung ab, so zu fühlen, wie es fühlt.

b) Die Erzieherin bagatellisiert das Problem des Kindes.

c) Sie macht dem Kind Vorwürfe und gibt ihm das Gefühl, mit seinem Problem lästig zu sein.

d) Dies ist ein schnell gegebener Rat, den das Kind natürlich nicht befolgen kann. Denn mit Sicherheit hätte es sich die Sachen schon selbst geholt, wenn es eine Chance dafür gesehen hätte.

e) Hier wendet die Erzieherin aktives Zuhören an und gibt dem Kind das Gefühl, verstanden zu sein.

f) Diese Äußerung ist eine Mischung aus Vorwurf und Ratschlag und führt das Kind deshalb bei seiner Problemlösung nicht weiter.

Auswertung der Übung 2 von S. 63 »Auf Empfindungen hören«

1. Je nach Tonfall: glücklich, stolz und zufrieden mit sich oder aber enttäuscht, unzufrieden mit sich
2. zornig, wütend, frustriert, enttäuscht, ärgerlich, unglücklich
3. fühlt sich ausgenutzt, verärgert, ungerecht behandelt
4. zornig, wütend, ohnmächtig, hilflos
5. Je nach Tonfall: glücklich, voller Vorfreude, begeistert, stolz oder aber traurig, ängstlich, verzagt, beklommen, angespannt
6. zornig, wütend, ärgerlich, enttäuscht
7. frustriert, ungeduldig, genervt
8. ärgerlich, zornig, hilflos
9. fühlt sich sehr unbehaglich, ärgerlich
10. überfordert, gestresst, Gefühl, dass ihr alles über den Kopf wächst
11. ratlos, frustriert, enttäuscht, besorgt um das Kind, fühlt sich unter Druck, Gefühl, bei der Mutter gegen eine Wand zu laufen
12. ratlos, verzweifelt, Gefühl, gegen eine Wand zu laufen, besorgt, verärgert
13. fühlt sich allein gelassen, traurig, ärgerlich
14. einsam, fühlt sich ausgeschlossen, nicht akzeptiert, unglücklich
15. besorgt, vielleicht auch enttäuscht über die Passivität von Sven, ratlos
16. erleichtert, glücklich, zufrieden

Auswertung der Übung 3 von S. 64 »Aktives Zuhören in Antwortsätze einbinden«

1. »Sie sind ratlos und fragen sich, was Sie noch tun können, um ihr zu helfen, mit ihrer Eifersucht fertig zu werden.«
2. »Im Augenblick sind Sie hin und her gerissen. Einerseits würden Sie gerne wieder arbeiten, andererseits haben Sie Angst, dass die Kinder darunter leiden.«
3. »Sie sind jetzt sehr erleichtert und glücklich.«
4. »Sie sind sehr verzweifelt über das Verhalten Ihres Mannes, weil Sie sehen, dass auch die Kinder sehr darunter leiden.«
5. Sie sind unsicher, was Jennifer im Kindergarten wirklich macht und wünschen sich mehr Informationen darüber.
6. »Im Augenblick haben Sie das Gefühl, dass Ihnen alles über den Kopf wächst.«
7. »Wenn Sie mit ihm sprechen, ist das so, als würden Sie gegen eine Wand reden.«
8. »Du bist aufgeregt und hast Lampenfieber, weil du nicht genau weißt, was auf dich zukommt, zumal du auch die Eltern nicht kennst.«
9. »Da freust du dich aber sehr.«
10. »Das ärgert dich sehr, weil du das Gefühl hast, von Frau K. klein gemacht zu werden.«

11. »Du bist einerseits besorgt um Emma und willst ihr helfen. Andererseits bist du unsicher, wie du mit der Mutter reden sollst, weil sie so überzeugt ist von ihrer Tochter.«
12. »Du ärgerst dich über Frau S., weil sie niemanden zu Wort kommen lässt, und überlegst, wie du daran etwas ändern könntest.«
13. »Du bist sehr wütend und ärgerst dich, dass dein Turm nun kaputt ist.«
14. »Du bist traurig, weil du das Dreirad nicht bekommst.«
15. »Du freust dich und kannst es kaum noch abwarten, bis es endlich losgeht!«

Auswertung der Übung von S. 75 »Wirkungen von Rückmeldungen«

1. Gefühle der Praktikantin

a) »Ich bin furchtbar, ich schaffe nichts Positives« (Verunsicherung, Abwertung, Angriff)
b) »Meine Ideen werden geschätzt, ich muss mehr Rücksicht auf die Leiterin nehmen und mich besser absprechen.« (Wertschätzung, Ich-Botschaft weckt Verständnis)

2. Gefühle des Kindes

a) »Ich habe alles falsch gemacht, ich kann nichts!« (Verunsicherung, Angriff, Abwertung)
b) »Mama hat Stress, ich muss mich beeilen, damit sie die Zeit wieder aufholt.« (Ich-Botschaft weckt Verständnis für die Folgen der Handlung)

3. Gefühle der Erzieherin

a) »Wie unverschämt, warum greift sie mich an?« (Angriff, Verunsicherung, Infragestellung der Rangordnung)
b) »Das habe ich nicht gesehen, dass sie mit den Kindern beschäftigt war, dann würde mich dieser Auftrag auch stören.« (Sachorientierung und Ich-Botschaft wecken Verständnis)

4. Gefühle der Kollegin

a) »Es gibt keine Lösung, weil keine Diskussion möglich ist.« (Angriff, Pauschalisierung)
b) »Bin ich zu rechthaberisch?« (Sachorientierung/ Ich-Botschaft führen zur Selbstreflexion)

5. Gefühle des Schulkindes

a) »Oh je, schon wieder Ärger.« (Ermahnung, Verweis auf nichtpersonelle Instanzen)
b) »Vielleicht sollten wir besser zuhören.« (Ich-Botschaft zeigt Folgen der Handlung, schlechtes Gewissen)

Auswertung der Übung von S. 81 »Umformulierung von Du- in Ich-Botschaften«

1. »Wenn Sie so oft auf der Fensterbank sitzen, fühle ich mich ausgenutzt, weil ich die ganze Arbeit allein machen muss.«
2. »Wenn ich in meinem Praktikum nur das tun darf, was ich gesagt bekomme, fühle ich mich abgewertet, weil ich zu wenig Freiraum habe, um auch eigenständig zu arbeiten.«
3. »Wenn Sie so mit mir reden, werde ich richtig wütend und frage mich im Augenblick, wie wir weiter zusammenarbeiten sollen.«
4. »Wenn wir unsere Arbeit immer nur an dem orientieren, was sich in der Vergangenheit bewährt hat, verliere ich die Lust, weil ich neue Ideen nicht mehr verwirklichen kann.«
5. »Wenn Sie sich nicht an der Planung beteiligen, fühle ich mich allein gelassen, weil ich die ganze Arbeit allein erledigen muss.«
6. »Lilli hat bei diesem kalten Wetter nur ihren Sommeranorak an. Ich bin deshalb sehr besorgt, weil sie häufig erkältet ist und auch die anderen Kinder möglicherweise mit ihrem Schnupfen und Husten ansteckt.«
7. »Wenn du die ganze Zeit mit dem Stuhl kippelst, habe ich große Angst, dass du nach hinten kippst und dir ganz doll weh tust.«
8. »Deine Stimme ist im Augenblick sehr laut! Das stört mich sehr, weil ich die anderen Kinder nicht mehr verstehen kann und allmählich Kopfweh bekomme.«
9. »Wenn ich den ganzen Tag über mit den Kindern zusammen bin, werde ich müde und kann mich nicht mehr konzentrieren.«
10. »Frau F., Sie bringen immer so rasch Ihre Ideen ein. Das blockiert mich, weil ich dann selber nicht mehr zum Zuge komme.«

Literatur

Bröder, M.: Sprachförderung in der Kita. Verlag Herder, Freiburg im Breisgau 2012

Gordon, T.: Familienkonferenz in der Praxis. Heyne Verlag, 2. Aufl., München 1990

Gordon, T.: Familienkonferenz. Heyne Verlag, 4. Aufl., München 1990

Höhl, S.: Schau mir in die Augen, Kleines, in: Gehirn und Geist: Das Magazin für Psychologie und Gehirnforschung, Heft Mai 2012, S. 52–57

Molcho, S./Baumgartl, N.: Körpersprache der Kinder, Verlag Ariston, München 2012

Schulz von Thun, F.: Miteinander reden. Störungen und Klärungen, Band 1, Rowohlt Taschenbuch Verlag, 50. Aufl., Reinbek bei Hamburg 2013

Schwäbisch, L./Siems, M.: anleitung zum sozialen lernen für paare, gruppen und erzieher. Rowohlt Taschenbuch Verlag, Reinbek bei Hamburg 1989

Tausch, A./Tausch, R.: Wege zu uns und anderen. Rowohlt Taschenbuch Verlag, Reinbek bei Hamburg 1990

Watzlawick, P./Beavin, J. H./Jackson, D. D.: Menschliche Kommunikation. Verlag Hans Huber, 8. Aufl., Bern, Stuttgart 1990

Winterhoff, M.: Lasst Kinder wieder Kinder sein! Gütersloher Verlagshaus, 6. Aufl., Gütersloh 2011

Quellen

S. 26: Kishon, Ephraim: Kein Öl, Moses? Verlag Ullstein, 5. Aufl., Frankfurt a. M., Berlin 1991, S. 68, © 1974 by LangenMüller in der F. A. Herbig Verlagsbuchhandlung GmbH, München

S. 135: Satir, Virginia: Meine vielen Gesichter. Wer bin ich wirklich? Kösel Verlag, München 1988, S. 70 f., © 2001 Kösel-Verlag, München, in der Verlagsgruppe Random House GmbH